U-35

Under 35 Architects exhibition

35歳以下の若手建築家による建築の展覧会

2024

Gold Medal Award
(UNION 真鍮製)

Toyo Ito Prize
(MARUNI 木製)

U-35

Under 35 Architects exhibition

35歳以下の若手建築家による建築の展覧会

2024年10月18日(金)-28日(月)
12:00-20:00[11日間] 開催期間無休

うめきたシップホール
〒530-0011 大阪市北区大深町4-1 グランフロント大阪 うめきた広場 2F

主催	特定非営利活動法人アートアンドアーキテクトフェスタ
特別協力	一般社団法人グランフロント大阪TMO 一般社団法人ナレッジキャピタル
特別後援	文化庁 大阪府 大阪市｜EXPO2025 大阪市観光局 毎日新聞社
特別協賛	株式会社ユニオン ダイキン工業株式会社 株式会社シェルター SANEI株式会社 ケイミュー株式会社 株式会社山下PMC
連携協賛	株式会社オカムラ パナソニック株式会社
協賛	株式会社丹青社 株式会社乃村工藝社
助成	公益財団法人朝日新聞文化財団
連携協力	大阪市高速電気軌道株式会社 西日本旅客鉄道株式会社 阪急電鉄株式会社
展示協力	株式会社インターオフィス 株式会社カッシーナ・イクスシー 株式会社 観察の樹 キヤノン株式会社 ソフトバンク株式会社 株式会社パシフィックハウステクスタイル 株式会社目黒工芸 USM U. シェアラー・ソンズ 株式会社
協力	アジア太平洋トレードセンター株式会社 リビングデザインセンターOZONE 一般財団法人大阪デザインセンター 公益財団法人大阪産業局
後援	一般社団法人日本建築学会 公益社団法人日本建築士会連合会 一般社団法人日本建築士事務所協会連合会 公益社団法人日本建築家協会 一般社団法人日本建築協会

http://u35.aaf.ac

foreword｜吉村洋文（よしむら ひろふみ）

建築には力がある

吉村洋文（よしむら ひろふみ・大阪府知事）

1975年大阪府生まれ。1998年九州大学法学部卒業、同年司法試験合格。2000年に弁護士登録し、2011年大阪市会議員、2014年衆議院議員を経て2015年大阪市長となり、2019年より大阪府知事（現在第二期）。

2023年10月20日から30日にかけて、14回目となる「Under 35 Architects exhibition 2023」が、大阪・関西を象徴するまちづくりを進めている「うめきた」で開催されました。

主催者である特定非営利活動法人アートアンドアーキテクトフェスタ代表理事の平沼氏から、昨年10月21日に開催された「U-35記念シンポジウム」について、直接、出席の依頼をいただきました。この展覧会では、これからの活躍が期待される35歳以下の若手建築家を全国から募り、厳正な審査を経て選出された作品が展示されるとのことで、私自身、ぜひとも若手建築家や建築を志す学生達にメッセージを届けたいと思い、シンポジウムに出席し、直接、彼らに向けて挨拶をさせていただきました。当日、登壇すると、会場は、立ち見も出るほど超満員で、まさに、この展覧会が、日本を代表する建築家への登竜門であることを実感しました。

さて、シンポジウムの挨拶でも申し上げましたが、建築には、人を突き動かす力があると思います。素晴らしい建築物というのは、偉大な芸術作品であると同時に、多くの人々を惹きつけ、様々な活動・交流が生まれる力を持った、まさに、まちのシンボルになるものだと考えています。これは、私がこれまで府内の様々な地域のまちづくりを進める中で、本当に実感しており、まちづくりと建築は密接に関係していると思っています。

「Under 35 Architects exhibition」の開催地である「うめきた」は、大阪都心部の一等地でありながら、かつては、広大な貨物駅として利用されており、そのポテンシャルが十分に生かされていませんでした。2013 年に、うめきた１期区域として、グランフロント大阪が開業し、梅田の新たな顔として、多くの人々に親しまれています。

また、現在、うめきた２期区域において、グラングリーン大阪の開業に向けたまちづくりを進めており、2024 年 9 月には先行まちびらきが予定されています。ここでは、大規模ターミナル駅に直結する公園としては世界最大級の都市公園となる「うめきた公園」と、まちのシンボルとなる魅力的な建築物が一体的に整備されます。特に、うめきた公園内では、日本を代表する建築家、安藤忠雄氏が設計監修するミュージアムなど、みどりと一体となった建築物が整備され、まさに大阪・関西を象徴するシンボリックなエリアとなります。私としても、「うめきた」には思い入れがあり、大阪市長時代には、ＪＲ東海道線支線地下化や新駅設置事業の工事着手、民間開発事業者の決定など、まちづくりを精力的に進めてきました。

このほかにも、大阪市内では、大阪公立大学の新キャンパスが開設する大阪城東部地区や、大阪・関西万博の会場であり、IR が立地する夢洲、北陸新幹線やリニア中央新幹線の全線開業により広域交通の一大ハブ拠点となる新大阪駅周辺地域など、国際競争力を持った大阪の実現に向け、まちづくりを進めています。

さらに、大阪府全体の成長・発展に向けて、府内の各地域でも、地域の特色を活かしたまちづくりを進めています。3 月には、北大阪急行が延伸され、箕面市に新しい駅が２駅開業しました。また、なにわ筋線の整備、大阪モノレールや淀川左岸線の延伸をはじめとする鉄道・道路ネットワークの充実・強化を図っています。こうした都市インフラの整備と併せて、まちのシンボルとなるような建築物が建築される、つまり、まちづくりと建築が一体となることで、まちの魅力が生み出されると感じています。

このように、大阪の成長・発展に向けては、まちづくりと建築を一体的に進めることが重要です。まちづくりに建築の力が加わることで、それぞれ個性を持った、人々を惹きつけるまちができていくと考えています。

いよいよ来年、2025 年大阪・関西万博が開幕します。万博は、世界中の英知を結集し、地球規模の様々な課題解決に取り組む場です。気候変動や貧困、食糧問題など、世界が直面する課題は多岐にわたります。また、新型コロナの世界的な拡大によって、従来の価値観や行動に大きな変化がもたらされました。コロナ禍を乗り越えたこの時代に、「いのち輝く未来社会のデザイン」をテーマに掲げる今回の万博は、「いのち」という原点に立ち戻り、未来への希望を世界に示すものです。

150 か国を超える国々の先端技術やサービス等により、人々の行動変容と、時代を切り拓く新たなイノベーションを巻き起こす。そして、世界の課題解決につなげるとともに、レガシーとして発展させていきます。また、日本全体への経済波及効果のみならず、世界の多様な価値観が交流しあい、新たなつながりや創造が促進されることで、経済、社会、文化等のあらゆる面において、さらなる成長、発展の契機となります。特に、次代を担う子どもたちが、会場で披露される「未来社会の実験場」を直接体験することで、未来社会を創る世代が育まれます。

万博では、各国が自国の文化・技術・歴史等を表現する魅力的なパビリオンが建設される予定です。また、万博会場のシンボルとなる大屋根（リング）は、高さが 12m、外側の高さは 20m、内径が約 615m、リングの幅は約 30m、1 周が約 2km にもなります。主に、木造の貫（ぬき）工法の利用を想定しており、世界最大級の木造建築物になります。2,800 万人の来場者が、荘厳な世界最大級の木造リングを目の当たりにし、リングスカイウォークを体験していただけることが非常に楽しみです。引き続き、万博の成功に向けて、あらゆる関係者と連携して、機運醸成をはじめ、パビリオン建設やインフラ整備などに精力的に取り組みますので、ご協力いただきますよう、お願いいたします。

さて、今年で開催 15 回目となる「Under 35 Architects exhibition 2024」が、2024 年 10 月 18 日から 28 日にかけて開催されます。全国の 35 歳以下の若手建築家から素晴らしい作品が出展され、展覧会が日本の建築の可能性を提示し、建築の今と未来を知る最高の舞台となることを祈念いたします。

建築には力があります。ぜひ、若い建築家の皆様が、多くの人に感動を与え、後世にも残り続ける素晴らしい建築作品を生み出していただけることを心から願っています。

U-35 未来への指標 ー縄文時代の森に学ぶー

音羽悟（おとわ さとる・神宮参事／神宮司庁 広報室次長）

1966 年滋賀県生まれ、92 年皇學館大学大学院博士前期課程国史学専攻修了後、神宮出仕。2023 年より広報室次長。現在は神宮研修所教員・教学課主任研究員兼任。皇學館大学神職養成室明階総合課程講師も務める。主な著書に、『悠久の森　神宮の祭祀と歴史』（弘文堂）、『伊勢神宮　解説編』（新潮社）がある。

昨年開催された本展の記念シンポジウムへ 3 年ぶりに出席した。展覧会会場のうめきたシップ 2 階も、シンポジウム会場のグランフロント大阪北館 4 階も超満員の賑わいで迎えてくれた。10 年来の知己を得ている建築家の平沼孝啓さんが、この U-35 へお誘い下さったのは、確か 5 年ほど前からであっただろうか。当時はまだこれほどの人で溢れるまでの来場者ではなかったように記憶している。当年の審査委員長を務められた平沼さんもそう仰っていたが、公募による出展者の審査で選出された 7 組個々から展示解説を聞いていると「今年はレベルが高いなあ」と感じた。私は建築の専門家ではないが、神宮の遷宮史を研究する端くれとして、神社仏閣の建物の仕様と切組に相当な関心を示しており、その点で出展作品の設計手法やその構造にも当然、興味をそそられた。

まずは前年、Gold Medal 賞を授与された佐々木慧さんの取組姿勢には心打つものがあった。「非建築をめざして」のテーマにはやや違和感を抱いたが、会場で直接当人から話を伺うと、廃材を生み出さないリユースも視野に入れて設計・施工しているという。その活動は、神宮の殿舎の遷宮後の古材を全国の神社に譲渡する慣例と被るところがあり、大いに共感した。また、桝永絵理子さんの「ハニヤスの家」での、材料のメインとなった土と釉薬とが融合する風合いに関して、喩えは極端になるが金銅飾金物の銅の素地に鍍金するアマルガムの仕様を思い出し、この模様が現実住居に活用されたら風流だろうなあと、深い想像力をかき立てられていた。小田切駿さん、瀬尾憲司さん、渡辺瑞帆さんの「建築の再演」の、演劇学生のための芝居小屋シェアハウスや改修ドーモ・キニャーナは、夢の詰まった未来の建物だとイメージした。改修設計・施工を繰り返し実現化していることに正直、羨ましいなぁと思った。Gold Medal 賞発表の寸前で退席した私は翌日、平沼さんから Aleksandra Kovaleva さんと佐藤敬さんの「ふるさとの家」に授与されたとお聞きしたが、桑名市の駅前通りの区画整理された商業地域に開放的で牧歌的な庭を設け、その庭と街との境界に垣のような透明性をもった建築をするというスタディに今後の建築設計のあり方を垣間見た気がした。歴史を尊重する Aleksandra Kovaleva さんと佐藤敬さんの「ふるさとの家」から以下に解説する「未来への指標」として、何故か縄文の森をふと思い起こしたのである。縄文の森を想起させた作品が Gold Medal 賞というのも、何か不思議な縁を感じる。

奉職する伊勢の神宮の森がどんな森かと問われれば、縄文の森に比定できると答えたい。伊勢の神宮では毎年、千五百回以上のお祭りが静かな森の中で行われている。神々をお祭りするのに最も古い森の中がよいと考えたのはいつ頃からなのであろうか。我が国の先祖たちが森の民であったのは縄文時代、つまり今から 1 万年以上もの昔から紀元前 4 世紀頃までの時代である。神道は先祖を含めて神を祭ることによって生まれる精神文化と考えてよい。弥生時代に田んぼが平野部にどんどん出現してきて、ぽつんと森が残った。それは縄文時代以来の森であり、そこに祖先を含めた神々が祭られるようになった。やがて森の中に神を祭る社が建てられ、縄文の森は「鎮守の森」となった。植物生態学の宮脇昭氏によって、鎮守の森はわが国の固有植生を実査するときの基点の一つであることが発表され、その生態学上の重要さが世界に伝えられた。村の鎮守様の森、神を祭る森は縄文の森であり続けてきたのである。

田舎には何故か田んぼの廻りに桜が多いことに皆さんもお気づきであろう。花見の見頃は、いよいよ田植えを行うシーズンで、桜は山の神を里村にお招きして、おもてなしをするために植えられているのだと以前教わった。それは鎮守の森に住まわれる山神様を山宮から里宮へお招きするという意味なのであろう。余談であるが、早苗、早乙女の接頭語「さ」は田植えに関係のある言葉であり、桜の「さ」もやはり田んぼに関係が深く、「くら」は神様を象徴した言葉だと専門家は指摘する。日本の地形を鑑みると、全体的に産地が多く、森林の面積が多いことに気づく。その中で、鎮守の森は現代社会にどんな役割を果たしているのかに着目したい。今日課題とされる温室効果ガスの多様による CO2 の発生により地球温暖化に拍車がかかり、加えてエネルギー資源の無駄遣いも国際問題になっており、これらが相まってか、異常気象が頻発し、天変地異による各地の被害が後を絶たない。スウェーデンのグレタ・トゥーンベリさんが 2018 年から 19 年に警鐘を鳴らし、地球環境を守る運動を世界中に発信したのは有名な話であるが、それに対し、アメリカ政府は「グレタは大学で経済学を勉強すべき」などと一蹴したことも記憶に新しい。人間はいかにして自然と共存して社会生活を営むかを真摯に考えなければますます異常気象が起こり、世界的な規模での災害も避けられないのではないかと近頃、真剣に考えるようになった。

食物の食べ残しの無駄も国際問題の一つに挙げられるような昨今、多様化する情報化社会の中で、鎮守の森は人間のみならず生きとし生けるものを守る存在である。昔から今日に至るまで、人間が共存共栄してきた背景がある。鎮守の森の存在が私たちの日常生活にとって必要不可欠であることはいうまでもない。日本人が抱いている「人間は自然に生かされている」とか「自然は畏敬の対象である」というような自然観は、神道的な考え方であるといわれる。しかし、こうした考え方を神道が明確に定義している訳ではない。神道の世界では、「すべての自然に神が坐す」という考え方で自然に接してきたというよりも、むしろ人間は自然と同体であると捉えてきたのだと思う。つまり、人間も自然の一部であると考えられる。神道そのものが「自然」への畏敬から発生していて、神道の始まった最初から、今なお変わらない根幹の部分に「自然」があるのだろう。

日本で「自然」という言葉を使うようになったのは、たかだか 200 年ほど前のことのようだ。さほどの昔ではないので、驚かれる方もいるだろう。もともとこの言葉は「じねん」と読まれていたようで「自然」とは、「自ずとそうなる」という意味である。言い換えれば、「自然に任せる」「自然に逆らわない」「あるがままになる」ということであろうか。そうした発想はやはり、「自然と一体である」という考え方に結びついていくのではないだろうか。これを英語で表現すると「nature as it is」（あるがままの自然）となろうか。言葉の意味だけで解釈すれば、「自然に任せる」も「あるがままの自然」も一見同じ意図に判断されようが、日本人の抱く「自然」には畏敬の対象としての信仰心が含まれているのだろう。

古く由緒のある神社は二つの川が合流（河合淵）する二等辺三角形の底辺の辺りに鎮座する傾向にある。皇大神宮（内宮）や瀧原宮をはじめ、大神神社、賀茂御祖神社（下加茂神社）、廣瀬神社、日吉大社、川上山若宮八幡神社等がこれに相当する。河合淵の鈍角に当たる外側は氾濫を起こしやすいが、鋭角になる内側、つまり二等辺三角形となる土地は堆積していて、その隆起しているこんもりとした森の中に神社が建てられることがわかった。神様が住まわれる地は災害が起こらない訳で、その場所をわざわざ神様の鎮座地として選ぶ古代人の発想と信仰心は縄文時代から培ってきた伝統と文化なのかもしれない。

時代が進んでいくにつれ、日本は欧米列強に倣い近代化を推進しその結果、水道・交通・電気・ガスなどインフラが整備され、人々の暮らしは随分便利になり、合理的になった。その反面、自然が徐々に荒廃していき、自然災害が起きやすくなったのは、否めない事実であろう。人間という生き物は非常に利己的でありながら怠惰で、すぐに感謝の心を忘れがちになる。自然災害が発生する報道を目にする度に、物欲に溺れたわがままな行為が招いたツケだと常々痛感している。利益至上主義が生み出す傲慢さが必然的に自然を征服する結果をもたらし、そのしっぺ返しとして自然災害が頻発していることをその都度認識するのである。そういったことを、U-35 を目指され、また出展される若手建築家たちへの「未来への指標」として伝えたい。また本年も平沼さんからお誘いがあれば、是非出席して若い世代の視点からの表現を伺い、真価を確かめたい。

10会議｜８人の建築家と２人の建築史家による建築展の考察

芦澤竜一、五十嵐淳、谷尻誠、永山祐子、平田晃久、平沼孝啓、藤本壮介、吉村靖孝、五十嵐太郎、倉方俊輔

10 process in architecture exhibition

—— これまでの展覧会を振り返りながら、公募で募られた出展者の一世代上の建築家と建築史家により、U-35（以下、本展）を通じたこれからの建築展のあり方と、U-35 の存在を考察する。

「10 会議」の発足

14 年前、U-30 として開催を始めた本展は、若い世代の出展者が、世界の第一線で活躍する巨匠建築家や出展者の一世代上の建築家と議論を交わし、あらたな建築の価値を批評し共有しようと召集された。巨匠建築家には伊東豊雄。そして一世代上の建築家として、全国で活動をされ、影響力を持ちはじめていた建築家・史家である。北海道の五十嵐淳、東北の五十嵐太郎、関東の藤本壮介、関西の平沼孝啓、そして中国地方の三分一博志、九州地方の塩塚隆生。中部と四国を除いた、日本の 6 地域から集まった。そして開催初年度に登壇した、三分一、塩塚など 1960 年代生まれの建築家から、開催を重ねるごとに 1970 年代生まれの建築家・史家が中心となる。2013 年には、8 人の建築家（五十嵐淳、谷尻誠、平田晃久、平沼孝啓、藤本壮介、芦澤竜一、吉村靖孝、2021 年より、永山祐子）と 2 人の建築史家（五十嵐太郎、倉方俊輔）による現在のメンバーにより開催を重ねている。そもそもこの展覧会を起案した平沼が「一世代上」と称した意図は、出展の約 10 年後に過去の出展者の年齢が一世代上がり、世代下の出展者である新時代を考察するような仕組みとなるよう当初に試みたのだが、この 10 名が集まった 4 年目の開催時に、藤本が「この建築展は、我らの世代で見守り続け、我らの世代で建築のあり方を変える」と発言し、このメンバーで継続するようになった。そして同時期に、五十嵐太郎の発案で「建築家の登竜門となるような公募型の展覧会」を目指すようになる。

ここで振り返ると、開催初年度に出展した若手建築家と出会うのは開催前年度の 2009 年。長きにわたり大学で教鞭を執る建築家たちから候補者の情報を得て、独立を果たしたばかりであった全国の若手建築家のアトリエ、もしくは自宅に出向き、27 組の中から大西麻貴や増田大坪、米澤隆等を代表する出展者 7 組を選出した。その翌年の選出はこの前年の出展者の約半数を指名で残しながら、自薦による公募を開始しつつ、他薦による出展候補者の選考も併用する。はじめて開始した公募による選考は、オーガナイザーを務める平沼が担当し、応募少数であったことから、書類審査による一次選考と、面接による二次選考による二段階審査方式とした。また海外からの応募で 2011 年の出展を果たした、デンマーク在住の応募者、加藤＋ヴィクトリアの面接は、平沼の欧州出張中にフィンランドで実施された。また、他薦によるものは、塚本由晴による推薦を得て出展した金野千恵や、西沢大良による海法圭等がいる。つまり 1 年目は完全指名、2 年目の 2011 年からは、前年度出展者からの指名と公募による自薦、プロフェッサー・アーキテクトによる他薦を併用していた。そして、現在の完全公募によるプログラムを実施したのは、開催 5 年目の 2014 年。初代・審査委員長の石上が、自らの年齢に近づけ対等な議論が交わせるようにと、展覧会の主題であった

U-30 を、U-35 として出展者の年齢を 5 歳上げた時期であり、それから今年の開催で 9 年が経つ。また、この主題の変更に合わせてもう一つ議論されていたアワードの設定（GOLD MEDAL）は、完全公募による選考と出展者の年齢が 35 歳以下となった翌年の開催である 2015 年。つまり公募開催第 2 回目の審査委員長を務めた藤本が、はじめてのゴールドメダル授与設定に対し「受賞該当者なし」と評した。しかしこれが大きく景気付けられ、翌年には伊東豊雄自らが選出することによる「伊東賞」が隔年で設定するアワードとして追加され、それぞれの副賞に翌年も出展者となるシード権を与えられるようになる。振り返れば、タイトルを変えてしまうほどの出展年齢変更を含め、プログラムが徐々にコンポジットし変化し続けていくのが、本展のあり方のようだ。2019 年には 10 年目の開催を迎え基盤をつくり準備を整えた本展が、あらたな 10 年の始まりとなる 2020 年に、コロナ禍の大きな試練が待ち構えた。21 年、22 年の開催危機を乗り越え、本展は今回、2023 年の開催で 14 度目を迎えた。

昨年より、永山祐子を加えたこの出展者の一世代上の建築家・史家 10 名が、一同に揃ったシンポジウム後に場を設け、来年、開催 15 年目を迎える今後の U-35 のプログラムから存在のあり方を議論すると共に、ファインアートの美術展のように展覧会自体が発表の主体とならない、発展途上の分野である建築展のあり方を模索する会議を「10 会議」と名づけ、2017 年より開催をはじめ、本年、第 7 回目の「10 会議」を開催した。

―― 皆様お疲れ様でございました。例年通り、ゴールドメダル授与後、「祝杯のビール」をしばらく我慢していただきまして、これから 60 分間。この開催が継続するエンジンのような恒例の「10 会議」を始めさせていただきます。この会議は、出展者の一世代上の建築家・史家たちが時代と共に位置づけてきたメンバー 10 名が一同に揃っているシンポジウムの開催直後に場を設け、次の 10 年後の U-35 のプログラムから存在のあり方を議論すると共に、ファインアートの美術展のように展覧会自体が発表の主体とならない、発展途上の分野である建築展のあり方を模索する会議を「10 会議」と名づけ、毎年開催しております。本年の審査委員長を務められた平沼先生、そして来年の審査委員長を務めていただくことになった永山先生を中心に、来年に向けての第 7 回目の「10 会議」を開催いたします。開催当初より本展のファウンダーとしてオーガナイザーを務めてくださる平沼先生、本日も進行と補足応答をどうぞよろしくお願いいたします。

（一同）どうぞよろしくお願いいたします！

―― 最初にひとつ皆様にご報告がございます。2011 年より本展に毎年お越しくださり、数えきれないご尽力をくださいました谷尻先生が、本年をもってご卒業されることとなりました！谷尻先生、来年の図録に掲載させていただきますので、皆様へのご挨拶と、後進で建築を目指す若者へのメッセージを残してくださいませんでしょうか。

一同：(拍手)

谷尻：僕も何かしらこの場に呼んでもらえる価値を生んでいたことで、この場にいる皆さんとずっと居られたのだと思います。まずはここにいる同世代の皆さんに、これまで十数年間のこの場を共有させていただいた御礼を申し上げます。U-35 たちは本来やるべきことに真っすぐ、実直に向き合います。そんな彼らを逞しくも羨ましくも思い、また同時に自分自身を見つめ直す機会となりました。でも、年齢を重ねる度に、本来やるべきこと以外の取り組みもやはり増えてしまう。スタッフも増え、身近な後進を見ていく立場となり、彼らを U-35 と同様に改めて見直す上でも、一旦、様々なことを整理し、再度、最初に自分が目指したことへの原点回帰を考えるようになりました。そんな意味で、一度、卒業させていただくことにしました。本展に応募してくる方たちはまさに、ひとつのことにまっすぐ思い切り向き合う時期でもあり、その時間こそが未来をつくると思います。その大切な姿勢を変えずにやってもらいたいと、今後、出展してくる方々へメッセージとして残します。U-35 は不滅ですね！（笑） どうもありがとうございました。

――― ありがとうございます！ここにいる先生方が打ち上げの 2 次会 3 次会と進むにつれ、深夜に疲れ果ててお帰りになられる中、谷尻先生が若手を引き連れて朝まで寄り添い、議論を交わしてくださいましたことは、私たち運営学生にも語り継がれています。これからも、本展に興味を傾けていただき、いつまでも若者の私たちに希望や期待をかけてください。昨日、開幕したばかりで本展は１１日間続き、まだまだ本展の開催に最後までご尽力くださいますが、この素晴らしいメンバーで交わす最終の夜となります。最後に皆様、大きな拍手をお願い致します！

一同：わぁ、おつかれさまでした！（大拍手）

――― それでは、出展者の選出から大変悩まれ、先ほど GOLD MEDAL 賞を授与された平沼先生より、今年の出展者を振り返り、選考に至る思考の経過と印象をお聞かせください。

平沼：昨年の開催から公募を締め切った今年の１月。十年余り、毎年若手を見てきたことから、見方が固定していないか、何かを見落としていないかという不安に駆られ、出展者の選考にあたっては随分迷いました。それは比較で選出するようなことや、誰かのモノマネで応募をした時代ではなく、圧倒的でオリジナルな取り組みが提示されていたからですが、公募締め切りの翌日に１日かけて選出したものの、結局翌週に、選考に誤りがないかダブルチェックを藤本さんにしていただき、本展の７組を選出しました。

藤本：平沼さんが悩んでいる姿を見るのが楽しかったです！（笑）

一同：(大笑)

平沼：4 月の初顔合わせ、出展者説明会でも永山さんと一緒に展示エスキースにお付き合いいただき、一昨年の吉村、昨年の芦澤、両審査委員長からの引継ぎが上手くいき、「今年の審査委員長がよかったんじゃないか！（笑)」と言いたいところですが、前評判でも話題が沸騰した展覧会として繋がったのだと思います。

一同：(大笑)

平沼：(笑）展示が変化したのは、それ以降もやり取りが続いた永山さんとのダブル・エスキース。

それが影響したのかもしれません。出展者らが自主的に集まり、グループ展としての本展の意義を話し合われ、You Tubeでの自発的な公開のエスキース会をされるようになっていきました。

永山：４月の出展者説明会の際、エスキースや座談会の場で、参加者交換日記でもやれば？なんて、言っていたのですよね（笑）。

五十嵐淳：出展者へのエスキースというのは、設計提案や作品ではなく、展示構成についてエスキースしたということですか。

倉方：展示に対してですね。公開エスキース、やっていましたね。

永山：交換日記ではないですがお互いにエスキスをするなど交流を深めていたのですね。でもそれって、凄く大事ですよね。こうやって集まることがまず素晴らしいし尊いから、同じ目標で集まっている、まさに真剣に話せる相手が見つかるというのはとても大切に感じました。

平沼：とても良かった気がします。本展は、ここにいる皆で、コンマ１ミリずつでも良くしていこうとしている展覧会。何でもそうかもしれませんが、いきなり良くなるわけではないと思うのです。昨年の芦澤さんのディレクションでも、この場で凄くなったって言っていましたね。

永山：昨年も凄かったですよね。

平沼：そう、そして今年もそう言ってもらえたので、回を重ねるごとに少しずつでも良くしていこうとしていることを、出展される方たちに継いでもらえればうれしいのです。

――― 来年に向けて、この昨年のプログラム修正の効果を振り返り、改善すべき点があればお聞かせください。

藤本：今日の書籍サイン会の時間が長くなかったですか。

平沼：それは藤本さんが安藤さんの真似をして（笑）、不慣れにも親切心からお一人ずつお名前を聞いてあげたからです。藤本さんの前に長蛇の列…（笑）

一同：ワハハ（笑）。

藤本：それで皆さん並んでいただいていたのですね（笑）。でも何冊くらい売れたのですか。

――― 昨年は10分で約80冊、今年は20分程で約150冊、先生方のサインがお手元に届きました。

一同：おぉ！

永山：それは凄いですね。目の前でサインがもらえるわけですからね。それは若手建築家への応援を込めて、やってあげましょう。

谷尻：うんうん、直接コミュニケーションがとれますからね、大切だと思います。それに結構遠くから来られている方も多かったですね。

平沼：藤本さんのサインをお待ちしている間に「どこから来たの？」とお聞きすると、岩手、宮城、東京など、東の方面から、この日に合わせて、わざわざ来てくださった方が多かったように思います。若い方たちが多いですので、将来、今日の記憶を辿る未来の自分へのお土産として、また家族や友達へ話題を持ち帰るアイテムの一つとして伝えてもらえる良い機会のように思いました。

五十嵐太郎：そうですね。それに今年は全ての展示が凄く充実していて、素晴らしい内容でした。またシンポジウム最後の議論の盛り上がりを考えると、もう少し時間がほしかったです。本展が盛り上がることはもちろん良いことですが、これから U-35 に挑戦する方たちは、展示ハードルがさらに上がっているので、今後は相当な努力が必要だろうなぁ。

一同：うんうん。（これからの出展者に期待を寄せて）がんばってください。

—— 来年、2024 年の審査委員長を務めていただく永山先生。昨年からお越しいただいているこの U-35 若手建築家 7 組による建築の展覧会とシンポジウムを「新鮮な目」で見て、どのような感想をお持ちでしょうか。

永山：昨年初めて参加をして、とても力強い展示だなと思いましたが、今年はさらにアベレージが上がっていた。それぞれの出展者たちが素材を工夫していたし、展示手法にそれぞれの個性がちゃんと出ている U-35 は本当に面白い建築展だと思います。小さな展示スペースの表現がエスキース後も結構変化して、もう少しこういうところを見せた方がいいのではないかと伝えていたところがブラッシュアップされていましたし、グループ展として互いに話し合っていたことも関係性を深めていたことも含めてとてもいい場になっているなと思いました。とにかく出展者たちは、こういう場でのチャンスを活かして、次につなげられるきっかけになったと思います。ひとつの作品においてどんなに際限なくやっていてもエネルギーは限られていますから、エネルギーを無駄遣いせず、

こういう場を効率的に活かした方がいいと思っています。今回、挑まれ出展されたことが自分たちの次の作品にも繋がっていたら、凄く良いですね。

五十嵐淳：本当に凄くなってきたね。今回の公募枠からは何組、選出されたのですか。

平沼：公募枠は 3 組。大野さん、福留さん、小田切さん＋瀬尾さん＋渡辺さんを選出しました。シードの佐々木さん、サーシャ＋佐藤さんの 2 組を除くと、5 組という小さな枠の中で悩みに悩み、結果として指名他薦から 2 組、自薦公募から 3 組という選出結果となりました。

永山：自薦公募からでも、結構凄い方たちがいますよね。

―――― それではここで、来年の他薦推薦枠にご推薦いただいた方々のご紹介をお願いいたします。2017 年に、第 1 回目の「10 会議」が発足され、本展のあり方を議論させていただく中で、出

展者の選出方法として他薦である推薦枠を追加し、1 他薦・推薦枠、2 自薦・公募枠、3 シード・指名枠との 3 枠といたしました。また 2019 年の開催中、GOLD MEDAL を獲られた秋吉さんから、出展者世代の方が若手の同世代の存在を多く知っているとのご助言をいただいたことから、今年も出展者の皆様から、それぞれ 2-3 名のお薦めリストをいただき、こちらを参考に、皆さんから推薦される方を選出いただきました。来年の 10 名による選出者の簡単な紹介を五十嵐太郎先生よりお願いいたします。（1988 年 4 月生まれ以降の方が応募可能・2024.3 月末日時点で 35 歳以下）

	【2024 年推薦】審査委員長：永山祐子	【2023 年推薦】審査委員長：平沼孝啓
0 1. 五十嵐太郎	●井上岳｜GROUP	●福留愛｜iii architects
0 2. 倉方俊輔	●山田貴仁＋犬童伸浩｜Studio Anettai	●大村高広｜GROUP
0 3. 芦澤竜一	●西尾耀輔＋片野晃輔 ｜veig	●大野宏｜Studio on site
0 4. 五十嵐淳	●石黒泰司 | ambientdesigns	●竹内吉彦｜t デ
0 5. 谷尻誠	○不選出	○不選出
0 6. 永山祐子	○2024 年 審査委員長のため不選出	●久米貴大｜Bangkok Tokyo Architecture
0 7. 平田晃久	●石村大輔＋根市拓｜石村根市	●笹田侑志｜ULTRA STUDIO
0 8. 平沼孝啓	●守谷僚泰＋池田美月｜OBJECTAL ARCHITECTS	○2023 年 審査委員長のため不選出
0 9. 藤本壮介	●加藤麻帆＋物井由香｜加藤物井	●小林広美｜Studio mikke
1 0. 吉村靖孝	●山川陸｜山川陸設計	●小田切駿＋瀬尾憲司＋渡辺瑞帆｜ガラージュ

	【2022 年推薦】審査委員長：芦澤竜一	【2021 年推薦】審査委員長：吉村靖孝
0 1. 五十嵐太郎	● 佐々木慧 ｜axonometric	●原田雄次｜原田雄次建築工藝
0 2. 倉方俊輔	● 石黒泰司 ｜ambientdesigns	●太田翔＋武井良祐｜OSTR
0 3. 芦澤竜一	○2022 年 審査委員長のため不選出	●山口晶 ｜TEAM クラプトン
0 4. 五十嵐淳	●森恵吾＋張婕｜ATELIER MOZH	●森恵吾＋張婕｜ATELIER MOZH
0 5. 石上純也	○ 不選出	●岸秀和 ｜岸秀和建築設計事務所
0 6. 谷尻誠	○ 不選出	●鈴木岳彦｜鈴木岳彦建築設計事務所
0 7. 平田晃久	● 西倉美祝 ｜MACAP	●松下晃士｜OFFICE COASTLINE
0 8. 平沼孝啓	● Aleksandra Kovaleva＋佐藤敬｜KASA	●榮家志保｜EIKA studio
0 9. 藤本壮介	● 杉山由香 ｜タテモノトカ	●板坂留五｜RUI Architects
1 0. 吉村靖孝	● 甲斐貴大 ｜ studio archē	○2021 年 審査委員長のため不選出

上記の他薦・推薦枠より 2-4 組、自薦・公募枠により 2-4 組、

●推薦枠・公募枠による選出数は、当年の審査委員長・選出数による。

五十嵐太郎：GROUP の井上さんです。正直、彼らが手がけた新築の作品はちゃんと見たことがないのですけれど、アートに関連するプロジェクトが多くて、最初に名前を知ったのは、磯崎新さんによる新宿のホワイトハウスをリノベーションをした時ですね。この間、金沢 21 世紀美術館 DXP 展で、秋吉くんも出していたのだけれど、GROUP も参加していて、AR 技術を用いて、館内に雨を降らせるという映像作品をつくっていました。BANK ART など、美術展の什器でも、名前を見ることがあります。展示のプロみたいな建築家でもあるので、この展覧会を多角的に強化していただきたいと思って推薦しました。

芦澤：veig の西尾さんと片野さんです。庭師と生態学者のペアで、アプローチが結構面白そうだなと思いました。彼らが、そのまま庭をやっていたら面白くないのだけれど、建築を提案してくれるのだったらという期待を持ち推薦しました。

五十嵐淳：ambientdesigns の石黒さんです。割と真っ当に建築をつくっている印象を持ち、この人を選びました。

倉方：僕は Studio Anettai の 2 人組です。ベトナムホーチミンをベースにしていることに興味を持ちました。3D パースをつくり、受ける仕事っていうのと、設計を並行してやっていて、ヴィラは設計者自らが施主としてやっていることの関連性について期待値が大きいと思って選びました。

平沼：OBJECTAL ARCHITECTS の守谷さんはハーバード GSD 出身、池田さんは、SCI-Arc 出身です。グローバルな視野を持っている方たちだと思って選びました。

藤本：僕は加藤物井の加藤さんと物井さんですね。とても楽しみです。

吉村：山川陸さんです。藤村龍至さんのところで助手をやっている時に知っていたのだけれど、リストに上がっていて思わず推薦しました。建築じゃないプロジェクトをたくさんやっていて期待を寄せています。

平田：僕は石村さんと根市さんです。新鮮に感じる雰囲気を持っている建築ですね。そのなんなのかわからない方たちの話を聞いてみたいなという思いがあって選びました。

——— ありがとうございます。この他薦・推薦枠より 3-4 組、自薦・公募枠により 3-4 組、前年の GOLDMEDAL 受賞者のシード枠の 1 組、計 7 組を、来年の審査委員長、永山先生に選出いただきます。選考時のお相手として平沼先生には、締切日の翌日、永山先生の事務所に向かっていただき、選出時の状況収録と選出のお相手をいただきます。どうぞよろしくお願いいたします。そして若手を応援するため、これからの若い世代に「建築への興味」を示そうと、各先生方による展覧会会場でのイブニングレクチャーを導入いただきました。この目的は、大阪駅前という地方都市を代表する駅前での開催を継続するため、動員数を増やすことではじめましたが、昨年まではリアル入場に制限がありましたものの、建築に興味をもつ地元高校生たちに向けても、継続して実施しています。たくさんの方にお越しいただき大きな効果を生み出すことを願い次年度もどうか周知・告知をいただけますよう、よろしくお願いいたします。

一同：かしこまりました！

——— それでは公募につきましては、引き続き今年の応募条件をこのまま、独立した U-35

（35 歳以下）の設計者を多く募ります。また以前議論の中で、次年度 36 歳となる方が賞を取られることがあれば「そのまま出展してよい」と決まりましたので、今回 GOLD MEDAL 賞の佐藤さんが 36 歳になられますが、シード権を受けられる場合はそのままご出展いただくことにいたします。最後になりましたが、今後応募をくださる若手へ向けて、ファウンダーの皆様からメッセージをいただけないでしょうか。

藤本：U-35 は同世代の同士が知り合って、同じ展覧会に設置する、作品同士の影響まで語る場になってきていて、そこにも魅力がありますね。

平沼：本当にそうですよね。今年から課外活動のようなお互いのエスキースを経て、あれだけの展覧会が完成しました。普段できない思考の振り返りもできる場だと思いますし、まだ僕たちが知らない若手が挑戦され、その存在を知らせてほしいと思います。

――― 皆さま本日は、終日にわたり、誠にありがとうございました。本日は、展覧会会場にての視察にはじまり、4 時間余りのシンポジウムの後、本日の会議の場にご参加いただき、貴重なご意見をいただけて深く感謝しています。最後となりましたが、来年のシンポジウムⅠは、2024 年 10 月 19 日（土）、翌 26 日シンポジウムⅡ（伊東賞選出）と決定しておりますので、皆さま、15 年目の開催もどうかよろしくお願いいたします。また本年の開催について、良いことも、良くないことも含めて話題にしていただき、この後の会期中に是非 SNS などを通じて、応援をいただきたいと思っております。それではビールをお待たせしました！出展者様がお待ちですのでこの後、労いをかねて建築談義に花を咲かせてください。皆様、大きな拍手で閉会とさせてください。本日は、誠にありがとうございました！

一同：（大拍手）

2023 年 10 月 21 日

大阪・梅田 グランフロント大阪　北館 4 階 ナレッジシアター・控室

U-35 2023シンポジウム会場の様子

special interview 前半 ｜永山祐子（ながやま ゆうこ）

インタビュア：平沼孝啓（ひらぬま こうき）

―― 2015 年に本展が現在の大阪駅前・うめきた広場での開催を移した 7 年後の 2022 年から 3 年。出展者と議論を交わすため駆けつける永山祐子は欠かすことなく継続的な取り組みの中心を担い本年審査委員長を務める。2010 年に開催をはじめた U-30 当時は、「出展者が数年後、審査を引き継ぐような建築界の取り組みにする」とファウンダーを務めた平沼が思慮していたが、4 年目のシンポジウムで藤本が「この建築の展覧会は、我らこの世代が生きている限り率いていく」とした声明を発表したことから一転し、完全公募による審査を務めた石上純也が、5 年目の開催時に「この世代の年齢に近づけた議論が交わせるように」と、展覧会の主題を U-30 →U-35 に変更し出展者の年齢上限を 5 歳上げ、ファインアートの美術展と比べ、発表が主題とならない発展途上の建築展のこれからの在り方を探るようになった。その 3 年後の 2018 年、平田晃久が審査委員長を務めたシンポジウム後に、8 人の建築家と 2 人の建築史家が集まる「10 会議」を開始。シンポジウムも含めた議論の場で、2022 年から参加した永山が、他の建築家と異なる新鮮な視点から放つ的確なクリティークによって、本展のプログラムの見直しを

永山祐子（ながやま ゆうこ）建築家

1975 年東京生まれ。昭和女子大学卒業後、青木淳建築計画事務所勤務。02 年永山祐子建築設計設立。AR Awards（UK）優秀賞、Architectural Record Design Vanguard (USA) など国内外で多くの賞を受賞している。

平沼孝啓（ひらぬま こうき）建築家

1971 年大阪生まれ。ロンドンの AA スクールで建築を学び 99 年平沼孝啓建築研究所設立。08 年「東京大学くうかん実験棟」でグランドデザイン国際建築賞、18 年「建築の展覧会」で日本建築学会教育賞など多数を受賞。

重ねる貴重な存在となる。毎年入れ替わる展示構成の様子や出展作の表現方法、若手建築家側からの意見にも、厳しくも救いあげる姿勢で講評をする、本展には欠かせない唯一無二の存在である。昨年コロナ禍が明け、15 度目の完全開催となる新たな節目の年となり、これまでの開催をどのように見て、感じているのか、出展者の公募（自薦・他薦）選考を担った本年の審査委員長を務める立場で、今、あらためて本展を通じた建築展のあり方に対してどのような方向へ導くことを望んでいるのかを、本年の応募が締め切られた直後、審査する様子と選考の過程を収録するのと同時に、平沼が聞き手となり対談方式で考察する。

平沼：永山さん、おはようございます！

永山：あぁ～！おはようございます。ねぇ平沼さん、ランチをカレーにしようと思うのですが、ポークヴィンダールかレッドカレー、グリーンカレーの２種盛りで、私はポークとグリーンにしようと思います。いかがしますか？

平沼：わぁ！ありがとうございます。永山さんセレクトでご一緒させてください！今年の応募者たちはどんな印象ですか。

永山：ホントに、決定するのはムズカシそうです。。。

平沼：（笑）まず永山さんが今回の応募書類をご覧いただき選出の基準を立てるとすると、どのような方たちを選ぼうとされたのかを教えてください！

永山：うーん（笑）。全体を見ても方針がなかなか立てられず、まだ今も迷っています。でもちゃんと期日に間に合わせ応募をしてくれたのですから、私もここで決めないといけませんね。昨年のもいろいろなタイプの方が出展しておられたので、今回も多様な視点を持った人たちに出展してもらうのがいいと思っています。だから「私はこれがいい！」ということだけではなくて、もう少し全体を見て、展覧会の表現手法そしてシンポジウムでの議論の際に、偏らないようにできればいいなと思っています。

平沼：いろいろなタイプの建築家の方が選ばれるといいですね。

永山：去年の良かった点としては、出展者同士が互いにエスキースしていたことです。いろいろな視点でお互いに影響を与え合いながら、設計していることを共有しそれぞれに気づきを与えてもらえるのはとても良いことですし、U-35 での展示をきっかけに出展者たちの得るものが大きいと、すごく大事に思えました。

平沼：出展しないと得られない価値。取り組んだ経験から、何かを持って帰らせるということですね、さすがです。

永山：そう、それが U-35 という展覧会の醍醐味かなと思っています。

平沼：そう仰ってくださると、出展者の方たちもちゃんと持ち帰ろうという意識が働くだろうし、持ち帰る彼らもまた次の後輩たちに、いい展覧会にしてあげたいという想いが重なり、良いバトンリレーができます。単に皆が皆に優しい訳ではないですが、世界中のどこよりも日本の建築界では継ぎ方を持ち合わせているようです。伊勢や出雲の式年遷宮のように、技術や取り組む姿勢のようなものが以前から脈々とこの国にはある気がします。

永山：そうですよね。些細なことも含めて、学生時代から先輩の卒業設計を手伝ったりしながら学ぶ。技術を育む目というのか取り組みの姿勢やクオリティの基準を得ているのでしょうね。

平沼：応募書類にありますように、昨年 Gold Medal の KASA はシード権で今年も出展されます。まずは永山さんの目には、彼らをどのように見ておられたのかをお聞かせください。

永山：とても実力がありますし伝え方も上手だと思います。展示手法も「らしさ」が滲み出ていた。希望しなかった会場エリアに対して、決して手数が多いわけではなく場所性を上手く利用し、自分たちが伝えたいニュアンスを空間で伝えていたのは見事でしたね。

平沼：彼らと結果的に 2 年間接して分かったことは、与えられた条件が自分たちの希望しないことであったとしても、ポジティブに受け止めるという姿勢で成功しているのではないかなと感じることです。力のない若手ほど!?（笑）文句を言ってしまうようなところでも、彼らはその条件を真っ直ぐに受け止める。ある意味、設計者の力量を試されているかのように、どうするかを考えて答えを出そうとする。そこが魅力なのかなと思います。

永山：悪条件もポジティブに受け止めて、しかもそれを味方につける柔軟さがある。提案や展示、設計そのものにも良さが表れていますね。

平沼：あらためて学ばされたと思います。昨年の展覧会場でも元々は福留さんのエリアを希望されていたそうで、ジャンケンで負け続け、最終的に一番苦手な場所となり、カーテンウォールに面したエリアをどうしようかと（笑）。

永山：広場に面した景色を、隣接した佐々木さんのエリアを含めて風景のように利用されていた。

平沼：広場が必然的に視界に入りますから、広場から見る、見られるという関係性を仮定し、安藤忠雄さんがつくられた場所性を活かされ、素晴らしい特殊解を導いておられました。

永山：そういうスタンスは私たちもすごく好きですよね。でも今回の KASA の展示プランは、結構他人に委ねるような展示なのかな。彼らなりのディレクションがあるのかもしれないけれど、結構ふわりとしている。展示の内容もこれから大きく動き出しそうに思いますね。コラボレーターやアーティストと一緒に表現するような感覚かな。U-35 を盛り上げてくれるようとしているし、少し設計領域を広げていこうとしているのかもしれない。出展も 3 度目で、この展覧会を使って何かやろうか、というフェーズなのかもしれません。自分たちはこうだ！というのはある程度やってみたから、その次の表現をどのくらい深められるのかを考えているのかもしれないですね。彼らのディレクション力と役割が結構、見えてくる展示だなと楽しみにしています。それにしても U-35 のこの選考時のインタビュー収録はいつ頃からされているのですか。

平沼：このインタビューは 7 年前、五十嵐太郎さんが審査委員長を務められた時、審査の過程を赤裸々に図録に載せてはどうかと発案され、記録を残すようになりました。おかげで過去の図録が後に売れるそうですが（笑)、公募審査の際のインタビューを前半、ゴールドメダル授与後のインタビューを後半としています。目的としては後世で応募される方たちに向けて、出展者がどのような審査を経て選ばれているのか、建築家の人たちがどのように価値基準を定めているのかということを記録として、選出のプロセスを共有するためです。シンポジウムも昨年のように 400 名満員の聴講者の方たちと共有する公開審査の場です。永山さんのように青木淳さんのところにおられて独立した方と、そうではない方とでは違いがあります。現代は特にいろんな建築家への目指し方があると思うのですが、思想形成のヒントにしていただけるといいと思っています。

永山：あぁそっか！平沼さんはいつも審査委員長が選ぶ過程で、お相手をされてこられてきましたものね。だから昨年の審査委員長の年の出展者たちは、多様で難しかったんだ（笑）。

平沼：アハハ。昨年の選定の際、僕も多様に選ぼうとしたところ、結局難しくなって負のスパイラルに陥り、ダメだ！と思って、藤本壮介さんを呼び出したのです（笑）。そこで、藤本さんに意見を求めて選出したものの、Gold Medal を比較では全く選べなくなり、さらに難しくなっていってしまいました（笑）。

永山：わぁ、私もまずいことになるかな（笑）。でも去年の出展から公募枠・自薦で応募されたガラージュは、とても力強いですよね。「私たちはもっと持っていますよ！」と言わんばかりの意欲を感じます。

平沼：僕が Gold Medal を発表した後に飛び込んできて「何で私たちじゃないんですか！」と仰ったほどですから（笑）。

永山：アハハ（笑）。凄いなガラージュ、力強い！ Gold Medal が獲れると本人たちが自身を持っていたほど、彼らの展示は確かにやりきっていました。しかし昨年は、もう誰がとっても納得のいくような状態でしたから、今回は懸命な応募でしょう。すごく頑張ってくれると思います。

平沼：うんうん、絶対に今年、獲りに来ますね（笑）。他の応募者はいかがでしょうか。

永山：本当に難しいんですけれど…。自分たちでリノベを集めスタジオを持たれている方。ストックを自分たちで集めているという…でもポートフォリオの字が小さくて…（笑）、眼鏡をかけますね。

平沼：石村さん＋根市さんですね。これは中高年の…上世代泣かせの資料ですね（笑）。僕には眼鏡をかけても辛い。

永山：（笑）ホント、これではなかなか読み込めなくて申し訳ないですが、面白そうな造りをしているようで興味を惹かれます。資材などをストックする場所でモックアップをやっていたりするのは良いですよね。周りと共用するみたいで面白い。

平沼：はじまりも終わりもない建築ね。タイトルからも魅力が伺えます。

永山：あと 5 組ですよね。応募資料の中に、シードを受けないと記載している人もいるではないですか。どうしてなのかなぁ。1 年出展すればそれでいいよということなのかな？今期で出せるものは出し尽くすからということ？

平沼：僕らの世代では悪いイメージがありますがきっと悪気なんてなくて、中には経歴に載せられるから、一度で十分だと言われた方もおられました。もちろんいろんな考え方を尊重しますが、建築展での展示を通して併走するような経験こそが大事に思うし、出展者同士で学ぶことも多いように思います。でも出展することが目的だとか、賞レースでの結果のみを大切に思われている方も実際にはいるのかもしれないですね。

永山：それだと私たちは、寂しいですよね。いろんな人たちがいていいのだけれど、平沼さんや上世代の厚意にも、これから建築を目指される方たちへも、繋がって寄り添ってくれるような方たちがいいなぁ。個展じゃないからこそ、一緒にこの機会を共有し併走してくださる方を選びたいですね。うーん、自薦枠がガラージュ 1 組だと寂しいですね。

平沼：今年は他薦・推薦枠が強いですね。とはいえ、あと 4 枠ではないですか。公募・自薦枠の候補から悩まれている人はいましたか？

永山：推薦枠では anettai と、加藤さん＋物井さんと、守谷池田さん。自薦枠はうーん、もう少し提案書に事実説明をきちんと記述してもらえたら読み込むし、可能性が出て来るんですけどね。

平沼：では他の組に勝てるのかどうかを一つの基準に、この中から選ばれるのはどうですか。

永山：そうですよね。昨年はどうだったのですか？

平沼：昨年はシードが 2 組出たことから 5 組の選出を、結果として推薦枠から 3 組、公募枠から 2 組となりました。でもその年の応募者によるのですよ、今年は圧倒的に他薦のほうが強いような印象ですね。

永山：そうですよね。語ることができそうなんです。これまでも多分そういう人を選んでいますよね。

平沼：いいのですよ、どうか当年の審査委員長・永山さんのご判断でお願いします。他薦自薦のバランスは毎年気になさるのですが、今日のように蓋を開けてみないとわからないものなの

です。ただ KASA とガラージュは既に決められているので、この方たちと別の価値で戦えるのかどうかですよね。

永山：そうなんです！この人たちはふわりとしているけれど、全然違う視点を持っているような気がして。何をしてくれるのかな。

平沼：多様に選出すると言われた永山さんの基準を満たせるかもしれません。

永山：うん、そうですね！良いかもしれません。それからこちらはストック材を使ったプロジェクト。

平沼：この組は初めから何となく気になっておられましたものね。それに面白そうですし。僕たちもきっと少年期に描く基地のような純粋な想いで、パーツ屋さんのような、こういうことをやりたかったのですよ。

永山：そう、アプローチも含めてね。最近ストック屋さんに行って使って、という循環をやろうとしているけれど、本気でやろうとしている人たちがいたことに気づかされました。

平沼；こういう個性もありますよね、ワークショップにしてもストックにしても、それぞれの手法形式に価値が存在するように思います。

永山：そうですよね、いいですよね。そして、このホワイトハウスはどうでしょう？

平沼：リサーチャーとしての取り組み方も魅力的ですし、表現が何処にたどり着くのかも気になりますよね。

永山：でも凄いことですよね。こうやって繋がり、変遷を経て場所と建物の関係を導くことって…、結構面白そうですね。一方、この方たちはガラージュの取り組みに比べると、セノグラフィーが被ってしまうのですよね。面白いけれど、その先に建築をつくってほしいな。この

U-35 展の趣旨は、建築家を目指してほしいということですよね？ ということは実作として建築を 1 つでも建てているということが、あらためて大切なことだと思うのです。

平沼：そうですね、建築家への登竜門のような存在になってきたようです。

永山：そうですよね。いろいろな要望や多様な条件、クライアントの意向にも付き合いつつ、幾度も訪れる難しい試練を乗り越え、1 つの建築を完成させているということを審査基準にしたいなと思います。皆さん建ててはいますし、社会とつながるようなプロジェクトになっている方もいますからね。女性は KASA のサーシャとガラージュの渡辺さん。今回の 2 人組勢は、男性ユニットが多いですが…均質な性別割合よりも、内容で決めたいですね。この方たちは、独立して 1 年目に手がけたにしては凄い。ツバメアーキテクツみたいなことをしているのは、凄くないですか？少し興味が出てきました。この方は、福留さんの活動を見て応募しようと思ったのかもしれないですね。もしかして、福留さんが挙げられたのですか？

平沼：28 歳 !? 去年の福留さんと同世代の 95 年生まれの横浜国立大学 Y-GSA 出身で、福留さんと同じ時期に在籍されていますね。自らカフェなどを営み、設計をしているカフェ店員まで（笑）。運営しながら生計も立てているのですかね？ こちらは KASA の推しですね。

永山：良さそうな人が出てきましたね。面白い家具や本棚をつくっているみたいです。ここを管理しているということですよね。設計事務所の傍ら、カフェをやられている方が結構いますよね。私もやりたいなと思っちゃいます！

平沼：永山さんがカフェを !?（笑）

永山：えっ、平沼さんのその反応、柄ではないって感じですね（笑）。

平沼：アハハ、全然違うと思います（笑）。うーん、この応募資料からは、特徴やオリジナリティが見えづらい。何かの新たな視点や価値をPRしてくれていると救いたいのですが、逆にお話し聞いてみましょうか。

永山：確かにつくられたものからはイマイチ、オリジナリティが見えないのですが、お話聞いてみましょうか。このホワイトハウスは歴史思想を持っていて、五十嵐太郎さんの推薦でしたね。どこまで面白くなるのか楽しみです。それと今回、海外で建築を頑張っている方にも焦点を当てたいなぁと思っていたのでanettaiもいいのかな。

平沼：そうすると、選出者は KASA、ガラージュ、石村さん＋根市さん、井上さん、山田さん＋犬童さんのanettai、そして加藤物井さん。あと1組となりますか？

永山：うんうん。圧倒的なオリジナリティと新たな空間性から、やはりこれからの建築家を選ぶということで守谷さん＋池田さん。今年はこの 7 組に挑戦していただきましょう。でも、今回は私が当番で選出しているけれど、また審査委員長が変わると、別の方が選出されるでしょう。今回は多様な人がいいなという目線もあったので、応募者のバランスの中で選ばれたということもあるかもしれない。この選出はなかなか難しいものですね。決まった数をこの中から選ばなければいけないというのは。ですが、すごく上手な設計だなと思う作品もたくさんありましたし、これは凄くかっこいいな、これは素材の使い方が上手いな、というようなものも多くありました。時代や年齢のタイミングによるとも思いますし、表現力の高い方たちが増えてきているように思いました。

平沼：ありがとうございます。最後に今年の展覧会に向けたメッセージをいただけますか。

永山：今後応対させていただくことになると思うのですが、去年から言っているのは、営業的な視点ではなく、この展覧会をどう自身の未来への投資として使い切れるか。このチャンスやチャレンジは、多くの時間を割くことになると思いますし、やるからには無駄遣いしないこと。あとは、展覧会のための記念出展のように終わってしまうのではなく、未来へ繋いでいくかということを考えてほしいです。少なくとも大切な意思を示して残念ながら落選された方たちの分まで、モチベーション全開で挑んでほしいと思います。去年の出展者たちに、「交換日記してみたら？」と伝えたことで（笑）、出展者同士がだんだんと1つになり、SNSを利用した公開のエスキースに発展して、切磋琢磨していましたよね。それがまた応援者を生み、会期中のそれぞれの出展者によるギャラリートークにまで、興味を継いでくださった方たちが駆けつけてくださいました。

平沼：昨年、永山さんの号令のような一言から出展者同士がいい影響を与え合うようになりましたし、展示設計のプロセスが展覧会を大きく進化させました。若い時期は、自分だけだと意固地になる場面も多い側面もありますが、仲間がいることで譲り合い、頼り合う視点からポジティブに考えていく思考性が発展してきましたね。

永山：この展覧会に出展することが、未来につながるんだと思ってもらいたいです！私たちも2-30代を振り返ると、迷える時期だったじゃないですか。自分は今後どうしていくのがいいか、皆はどうしているのだろうかと、正解のない道程に迷ったから。学生時代なら例えば整図室にいる人たちと、ちょっとしたことでも話し合えるのだけれど、独立という孤立をしたとたんに突然自分たちだけになり、自分のやっていることが本当はどうなのだろうと客観視する機会を本当は求めているのだと思います。でも現代は集まる機会が少ない。でもこういった場があれば、学ぶ意欲を持った学生たちや、スタッフを希望してくれる院生、そして同世代や出展を共にする仲間たちや、U-35 の卒業生たち、私たち上世代にも、伊東さんのような大御所世代にまで、実際に見てもらう対象になれるわけですから、これほどありがたい機会はなかったと将来、確信してくれるものだと思います。出展により勝ち得たものは、過去に培われたものだけど、未来への投資として、貴重なこの半年の時間を本当に大切にしてほしいと思います。

平沼：年々ハードルが上がりますが、果敢に応募してほしいと思いますし、今年ダメだったからといって、諦めないでほしい。選出する僕たちが、まだ気づいていない価値を示してほしいですし、面白さを伝えてほしいと思います。そして初回の応募で選出される方も、連続で出展される方も、ごく僅かです。建築家のオリジナリティとポジティブな人間性が問われる機会となります。選出された方たちは是非フルスロットルで挑んでほしいですし、きっとこの 7 組は友情も芽生えるでしょうし、生涯の仲間ですよね。

永山：はい！近い将来、一緒にプロジェクトを共にする可能性も高いと思います。

平沼：最近海外での進め方を見ていると、プロジェクト単位のユニットで設計することもあるでしょうし、マスタープランやアクションプログラムなどのフェーズごとの実施でいろんな取り組み方の可能性が出てくる時代だと思います。そろそろ日本でも外資の指名コンペには導入されてきています。そんな意味でも、今年の展覧会全体に期待を寄せているのですが、本展は東日本大震災やコロナ禍においても継続でき、今年で 15 年間繋いできました。世界的にもこれくらい建築展を継続して開催しているのは珍しいようですが、来年は本展の開催地である大阪で建築の博覧会とも言うべき EXPO が' 70 年博以来の開催をされる機会です。この U-35 は、後進のために、見る機会としても触れる機会としても、1 ㍉ずつでも凄くなっていくような開催をしていきたいなと思っています。どのような位置付けをじっくり目指していけば良いと思いますか？

永山：ここの応募者たちは、かなりの実力者たち。もちろん建築家を目指されているのでしょうから、大きな夢を持たれているでしょう。でももっと若い 20 代の設計者や最近の学生たちからは「建築家って辛いの？」と思われてしまっているようなのです。

平沼：永山さんが辛い？（笑）それはないでしょう…。とっても楽しそうに見えますし、この誌面を読んでくれている学生たちは、きっとそうは思っていないでしょう。でもここに応募されない方や、出展できない方たちの方が実際は多くて、設計士として細かな現実に打ち拉がれ、経済面や家庭の事情を理由に、夢や希望を諦めてしまわれる方たちがいることも理解しています。もしもそんな方たちが先輩や友人など、自分の周りにいると、辛いとく思われているかもしれません。

永山：そうなんですよね。建築は一般社会の中で、少し特殊で閉塞な業態だ、難しいぞ～！と思われているようですので、いろんな人に来てもらう窓口を広げたいと思いますし、U-35 は今まで結構、凄い人を輩出しているではないですか。本展は登竜門のような展覧会ですから、そういう意味でも皆が夢を諦めず、切磋琢磨できる状況をできるだけ活用してほしいと思います。

過去の出展者たちも、おそらく40代。新たな取り組みも始めてくれると良いと思います。そうすれば相乗効果がうまれてくると思います。

平沼：昨年出展した佐藤さんやサーシャ、佐々木さん等が自分たちも何かやっていきたいと仰ってくれていました。自分たちのことばかりやっている年齢でもないでしょうし、それはそれで取り残される。少なくとも僕たちの世代からでもやっていくことで、そんな兆しが受け継がれていくことに期待を寄せていますし、もちろん全力で応援したいです。「建築界は開かれていて、透明性が高く明るいんだぞ〜」と安藤さんや伊東さんが一部の者たちに示してくれたように、開かれてほしい。

永山：本当にそうですよね。今回選んだ人たちは、コレクティブにいろんなアーティストとの協業をしている方も多く、自分たちの言語を投げ込むときに他者はどう受け取ってどう表現するかみたいなことのフィードバックを並べようとしているように感じました。それは少し発展

したような気がします。ただ一方で、それが本当に面白いかどうかが問われることになります。建築展で保守的に竣工模型を並べるだけではなく、突っ込んだやり方をしたとしても、それが最終的に本当に面白くなるのか。もう一つ、ただ手法や試みが新しいというだけでなく、最終の表現がオリジナルで新しいかがすごく大事。そういう意味でも、審査委員を変えずに進めた本展では知見を積み重ねた分、挑戦しづける価値は、まだまだありそうですね。

平沼：そこが肝ですね。既知感のある展示では騙せないですし、鮮度の高い展示手法を見出さないといけないのも特色でしょう。また毎年、利便性の高い固定会場で開催していることから来場者数が毎年上がっており、時代の変化するスピードが速い分、観覧や聴講をされる感度の高い一般の人の割合が多くなるわけですから、この人たちが理解できないものだといけない。当初から公開で聴講者と共有しながら進めたシンポジウムには、400 名の会場に入れないくらいの方たちが来場されています。価値を共有しながら進めてきたのも特徴でしょう。

永山：専門者も含めた一般の方たち、聴講者たちが誰に投票されるのかは結構気になります。

平沼：やってみますか（笑）。恐らく展示を観られてからシンポジウム会場に来られている方たちが多いようにも思います。気になった展示と気になった発表を投票していただき、出展者発表後の休憩時間に集計をして、議論冒頭に結果発表をしてから議論するとか。

永山：それもありなのではないかなぁ。そうすると一般投票の結果が出てからの議論の熱気も高まりますね。出展者たちはどうでしょう。極端に投票されなかったらグサッときますか？（笑）

平沼：（笑）ここに出展されるような方たちは勘がいいでしょうし、セルフマインドコントロールされるでしょう。事前に準備し発表している自分自身で、ある程度自覚されるように思います。

永山：その価値観と審査する側、一般のオーディエンスとの価値観は違う可能性もあるではないですか。

平沼：投票数が低い方を推す場合には、聴講者と共有しながらその価値の説明を進めるように、上世代は話すでしょう。それはもしかすると、来場されるオーディエンスのひとつの醍醐味になるのかもしれませんね。

永山：言っておきながら、緊張してきたなぁ（笑）。それは私たちにとっても一般の方から見るとこれなのか、と気づかされる可能性もありませんか？

平沼：ありますし、影響を受ける方がいるでしょう。でも今年は伊東さんも来られますが、毎回、僕たちの世代とも全く見方が違いますから、二度のシンポジウムが成り立っているように感じています。

永山：前回、2022年の伊東賞で、KASAの2人が選ばれたんですよね？

平沼：いや、それが…。シンポジウム後半で「今年は該当者なしにしたい」と伊東さんが仰ったのですが、壇上で同席していた藤本さんが「何とか伊東賞を与えてあげてください」と言ったのです。その後も議論を交わす中で「うーん、でもやっぱり選べない」と仰って（笑）。それでも藤本さんは諦めず「どうか該当者なしは無しにしてください」と二度の嘆願をして、KASA

が選ばれたのです。

永山：わわっ、それは空気が張り詰めたでしょう？それでKASAは貰ったけれど「悔しい」と言っていたのですね。情緒的なストーリーを大切にされる方で、模型にしても図面にしても、空間表現にしても、細やかさを表現できる建築家がお好きなように思います。けれど、作品自体が情緒的すぎると多分伊東さんは難しいかもしれませんね。

平沼：次回、選出者たちとの顔合わせとなる出展者説明会を楽しみにしています。永山さん、本日は長時間、本当にありがとうございました！

永山：本当に楽しかったです。皆さんに大阪で会えるのを楽しみにしています。平沼さん、今日はこちらこそありがとうございました！

2024年1月29日
永山祐子建築設計 にて

「若い視点の、未来がみたい。」

建築の展覧会は、一般的なファイン・アートの美術展とは異なり、展示での発表が主体とならないことから、展示手法と目的に違いが生まれ、系譜が示されず、発展途上の分野であるといわれてきました。それは、それぞれの人が暮らす地域にある、実際の建築の方がより身近な存在であることと、建築展が開催される頻度や時期が不規則であることが多く、継続した開催を続けるものでなかったために比較にならず、定着しなかったことがひとつの理由でしょう。非日常的な存在性を放ち、常識に対する新たな視座を示していくアートに対して建築は、私たち人間が生きていくための場所として生活を守り、活動を促すために存在しています。つまりその場所に根づいた産業や自然環境とともに、歴史と、その地域に生きた人の生活文化を映す鏡といえます。だからこそ、その建築の空間性にその場所が持つ自然の豊かさを表現したいと、建築家たちは未来へ向けた願いを提案します。有形、無形を問わず、人を感動させる力を持ったものに備わる豊かさの中には、人間の創造力を働かせ、計り知れない努力を重ねた上に成り立つような「テクノロジー」と「芸術性」が存在するものです。本年の出展者である彼らもまた、これからの社会環境をつくっていく時に、このような芸術性の高い空間をエンジニアとして実現させていくことで、人のためだけでない、後世の自然も含めた環境との共存のあり方も同時に探りたいと模索しています。

それは近現代、世界から日本の建築家及び、日本の建築技術が評価され続けている理由にあります。二千年も続く日本の歴史年表と共に併走する独特な建築文化に秘められた伝統技法の継承です。現在も、二十年に一度、伊勢・神宮で行われる式年遷宮、あるいは六十年に一度行われる島根・出雲大社の御遷宮のように、一見すると同じ建物を繰り返し作り直しているかのような遷宮は、その時代ごとの先端的な手法と伝統技術を合わせて継承しています。また建造した後、戦争や落雷、暴風により損壊した奈良・東大寺では、何度も繰り返し民意の力で再建されてきました。つまり一度建築をつくれば千年残すような欧州文化と違い、一度建築をつくれば、そのつくり方という手法の継承を千三百年〜二千年もの間、人に繋ぐことで、技法を高めていくような文化を持つ民族だからこそです。本展は、まさに、日本の現代社会の位置づけを、建築の歴史年表の行間から将来を読み解くことを可能とするでしょう。

昨年 10 月 20 日より公募による募集を開始しました本年の出展者たちは 1 月 26 日に締め切り、選考を開始しました。近年は一世代上で活躍する建築家・史家 1 名による選考が行われ、2014 年は石上純也、2015 年は藤本壮介、2016 年は五十嵐淳、2017 年は五十嵐太郎、2018 年は平田晃久、2019 年は倉方俊輔、2020 年は谷尻誠、2021 年は吉村靖孝、2023 年は芦澤竜一、2023 年の平沼孝啓と継ぎ、本年 2024 年は、永山祐子が審査を務めます。大学へ入り意欲的に建築を学んだ「建築の第五世代」と称されるアトリエ出身者の系譜を継ぐ者や、海外で建築を学んだ経験をもつ者たちが選出され、その出展作は、地域に根ざした建築や改修プロジェクトが多く、街の風景に存在し続けた建築に新たな時代の価値を与えるような提案が際立ち、近い経験で立場が異なるスタンスの設計活動に取り組む出展者が、短く限られた時間の中でひとつの展覧会をつくりあげ、同じ時代背景の中で学んできた同世代だからこそ生まれる「新たな価値」を示しているように感じます。展覧会に取り組むことで建築家としての意識が大きく変わり、ジュニアからシニアまで世代を超えた来場者から若い建築家へ新鮮さを求める状況そのものが、本展を継続して開催する意図に重なるのかもしれません。

第 15 回目となる、建築家への登竜門「U-35 Under 35 Architect exhibition ｜35 歳以下の若手建築家 7 組による建築の展覧会」を今年も開催いたします。2010 年より大阪・南港 ATC にて開催をはじめた本展は 5 年間の開催を経て、6 年目の開催となりました 2015 年より、関西の玄関口・大阪駅前に位置するグランフロント大阪・うめきたシップホールにて開催を継ぎ、大阪・関西という街が応援する U-35 として、建築のプロセスを体験してもらおうと、毎年、受け継いだバトンを一度も落とさず本年の開催に挑みます。

本年は「若い視点の、未来がみたい。」という時代変革のディレクトリをテーマに、完成時点でひとまず停止する実際の建築を見てもわかりづらい、一般者にとっては高度な設計手法をわかり易く体験型で示しているのが特徴です。つまり建築の竣工後には理解しづらい「設計や施工のプロセス」、「実際の建築として使われた後の状況」を展示で表現すると共に、繰り返し行われる設計の「スタディ」から生まれた、「タイポロジー」としての構造のアイディアや、室内環境のコントロールに「トポロジー」としての考え方を盛り込んだ意図を紹介します。また会期中には、日本の建築文化を深く理解されている、建築関連の企業や団体との関連イベントを開催すると共に、連日、出展者による「ギャラリー・トーク」や、出展者の一世代上で日本を代表し活躍される建築家たちによる「イブニング・レクチャー」など、若い世代だけでなく、建築界全体の広がりに想像力が働くような取り組みを試みます。ここが後進者の希望につながる実践を体験する場となり、これからの社会を築く現代の人たちにとって、将来への希望や期待につながるような機会となることを願います。

最後になりましたが、本年の展覧会の実現にあたり、ご支援・ご尽力をいただきました関係者各位のご厚意に、心より深く御礼を申し上げます。

AAF アートアンドアーキテクトフェスタ

profile

出展者情報

石村大輔＋根市拓《はじまりも終わりもない建築》

井上岳《手入れ／Murmurs》

小田切駿＋瀬尾憲司＋渡辺瑞帆《100年かけて劇場をつくるプロジェクト》

加藤麻帆＋物井由香《中中野プロジェクト》

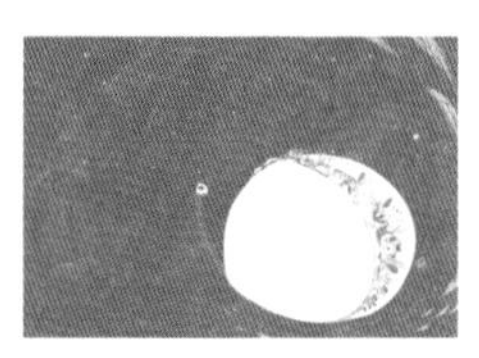
Aleksandra Kovaleva＋佐藤敬《ものさしとまなざし》

守谷僚泰＋池田美月《長岡の集合住宅》

山田貴仁＋犬童伸浩《House in Ba Ria Vung Tau》

石村／ 1988 年東京都生まれ。測量会社で測量士として勤務後、2014 年に東京理科大学工学部第二部建築学科を卒業。2014 年から 2019 年に駒田建築設計事務所で勤務を経て、2017 年から Ishimura+Neichi を共同設立。2022 年から日本工業大学非常勤講師を務める。

根市／ 1991 年神奈川県生まれ。2014 年に東京都市大学工学部建築学科卒業後、2015 年に Miller&Maranta でインターン、2017 年にメンドリジオ建築アカデミーを修了後、同年に Ishimura+Neichi を共同設立。2021 年に関東学院大学非常勤講師、2022 年から東京都市大学教育講師を務める。

1989 年山梨県生まれ。2017 年慶應義塾大学大学院後期博士課程単位取得退学 博士（工学）。2014-18 年石上純也建築設計事務所を経て井上岳、齋藤直紀、棗田久美子、赤塚健と GROUP 共同主宰。主な活動として設計施工「三岸アトリエの手入れ」(2022)、設計運営「海老名芸術高速」(2021)、設計施工「新宿ホワイトハウスの庭の改修」(2021)、編著「ノーツ 第一号 庭」(2021)、会場構成「EASTEAST_TOKYO」(2023)、金沢 21 世紀美術館グループ展「Involvement/Rain/Water passage」(2023)、バーゼル建築博物館グループ展「MAKE DO WITH NOW」(2022)、東京建築会館グループ展「繕いの営み / 営みの繕い」(2023)、NY a83・東京 WHITEHOUSE グループ展「往復書簡 / Correspondance」(2023)、個展「手入れ /Repair」(2021) など。

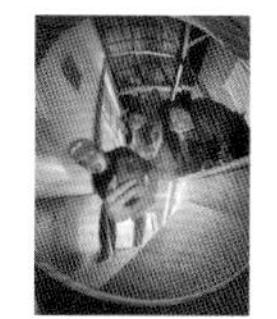

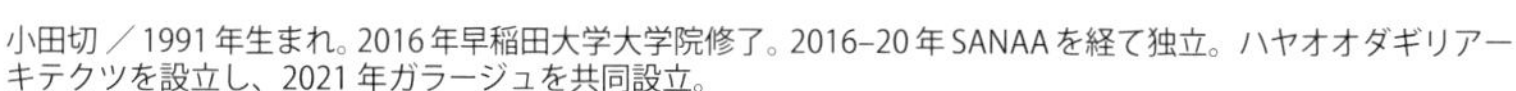

小田切 ／ 1991 年生まれ。2016 年早稲田大学大学院修了。2016–20 年 SANAA を経て独立。ハヤオオダギリアーキテクツを設立し、2021 年ガラージュを共同設立。
瀬尾 ／ 1991 年生まれ。2016 年早稲田大学大学院修了。2017 年 - 建築映像作家として活動しながら 2021 年ガラージュを共同設立。建築映画館 主宰。
渡辺 ／ 1991 年生まれ。2016 年早稲田大学大学院修了。2016–18 年フジワラテッペイアーキテクツラボを経て独立、セノグラファーとして活動しながら 2021 年ガラージュを共同設立。
ガラージュは、建築、映画、演劇に関わる 3 人によって結成されたアーキテクト・コレクティブ。建築を広くデザインの問題へ接続する媒体と捉え、多岐にわたる分野の設計・制作に取り組む。

加藤／ 1995 年愛知県生まれ。2020 年横浜国立大学大学院 Y-GSA 修了。2020-2021 年髙橋一平建築事務所勤務を経て 2021 年 katomonoi 共同設立し設計活動を行う。2022 年東京都中野区にカフェバーなかなかのを開業し共同経営。

物井／ 1995 年東京都生まれ。2020 年横浜国立大学大学院 Y-GSA 修了。2020-2021 年増田大坪建築設計事務所勤務を経て 2021 年 katomonoi 共同設立。2022 年東京都中野区にカフェバーなかなかのを開業し共同経営。

Kovaleva ／ 1989 年 モスクワ生まれ。2014 年 モスクワ建築学校 MARCH 大学院修了。2014-19 年 石上純也建築設計事務所を経て、2019 年 KASA / KOVALEVA AND SATO ARCHITECTS 共同主宰。2022 年東京藝術大学 COI 嘱託研究員。2024 年 - 明治大学 兼任講師。

佐藤 ／ 1987 年三重県生まれ。2012 年 早稲田大学大学院修了 (石山修武研究室)。2012-19 年 石上純也建築設計事務所を経て、2019 年 KASA / KOVALEVA AND SATO ARCHITECTS 共同主宰。2020-22 年 横浜国立大学大学院 Y-GSA 設計助手。2023 年 - 横浜国立大学、2024 年 - 早稲田大学 非常勤講師。

守谷／ 1988 年宮城県生まれ。2012 年 University of Arkansas Fay Jones School of Architecture 卒業。2015 年 Harvard University Graduate School of Design 修了。2015-2020 年隈研吾建築都市設計事務所勤務。2021 年 OBJECTAL ARCHITECTS 設立。2022 年 - 国士館大学非常勤講師。

池田／ 1994 年東京都生まれ。2017 年千葉大学工学部建築学科卒業。2019 年東京藝術大学大学院美術研究科建築専攻修了。2021 年 Southern California Institute of Architecture (SCI-Arc) 修了。2022 年 OBJECTAL ARCHITECTS 参画。

山田／ 1988 年東京都生まれ。2014 年東京都立大学大学院修了。

犬童／ 1988 年北海道生まれ。2014 年東京芸術大学大学院修了。

共に VTN Architects を経て、2019 年 studio anettai 設立。主な作品に<House in Ba Ria Vung Tau (2024)>、<A Suite in Thao Dien(2021)>、<Burger Bros Da Nang (2020)>、設計から運営まで手掛けた<Hostel anettai (2019)>、国内外のデザイン事務所と協働する 3D パーススタジオ、アーバンリサーチやプロダクトデザインなど、建築設計分野に留まらない活動を展開する。

exhibit

会場案内

①　中中野プロジェクト　　加藤麻帆＋物井由香

中中野プロジェクトは、中中野というまちを舞台に、日常に溢れる様々なもの、空間、活動を設計していくプロジェクトである。

②　手入れ／Murmurs　　井上岳

GROUP は場所に対する人々の介入と建築の設計を、「手入れ」として同様に捉え制作を行なってきた。本作では、度重なる「手入れ」によって竣工から息切れしつつも継続してきた『新宿ホワイトハウス』が呟きだす。

③　100 年かけて劇場をつくるプロジェクト　　小田切駿＋瀬尾憲司＋渡辺瑞帆

国際的にも稀少な隆起サンゴ礁の島、喜界島にて行っている「100 年かけて劇場をつくるプロジェクト」の計画を展示する。人間の一生を超える 100 年という時間を設定することで、いま生きている人間のためだけではなく、未来の人間や自然のための劇場を作る。

④　はじまりも終わりもない建築　　石村大輔＋根市拓

建築がつくられる過程において、プロジェクトをはじまりも終わりもないものとして捉えてみると、完成された線形的なプロセスが解けて、新たな素材やストック資材、人やその技術、思考や記憶といったものごとがわけ隔てなく自在に繋がっていく。

⑤　ものさしとまなざし　　Aleksandra Kovaleva＋佐藤敬

「ものさし」と「まなざし」の往復の中で、自らの実感が日々強まり、希望と共に大きく膨れあがっていく。その感情の姿形として建築が生まれてくる。そんな様子を示したい。

⑥　長岡の集合住宅　　守谷僚泰＋池田美月

新潟県長岡市に計画中の小さな集合住宅。４つの住戸にそれぞれ異なるカタチや平面を与え、隙間を作りながらルーズに組み合わせた。それらの隙間は中庭やテラス、庇のある立体的な外部空間となり、都市と郊外のいいとこ取りをしたような、魅力的な状態を作り出すのではないかと期待している。

⑦　House in Ba Ria Vung Tau　　山田貴仁＋犬童伸浩

ベトナムの「ふつう」の事象・事情を思考の出発点として設計を行っている。郊外のさらにその先に設計した住宅 “House in Ba Ria Vung Tau” を中心に、近年のプロジェクトをキーワード群に分解し展示として再構成する。

under 35 architects | 石村大輔＋根市拓（いしむら だいすけ＋ねいち たく）

はじまりも終わりもない建築

24K ALK 7

FamilyMart
酒 たばこ
30

はじまりも終わりもない建築

建築がつくられる過程において、プロジェクトをはじまりも終わりもないものとして捉えてみると、完成された線形的なプロセスが解けて、新たな素材やストック資材、人やその技術、思考や記憶といったものごとがわけ隔てなく自在に繋がっていく。電気工事、照明設計などを得意とする建設業を営むクライアント（LRF）の会社に改修を依頼されはじまったSenju Motomachi Soukoというプロジェクトをきっかけに、クライアントと共に私たちもその場所を拠点として使いながら、日常の業務の中でつくる行為と使う行為を行き来し、断続的に小さな改修やアップデートが繰り返されている。現場で余った資材や短期的で仮設的なプロジェクトなどからサルベージした素材をストックし、その資材をきっかけに必要なものを考えるといったような通常とは逆のプロセス

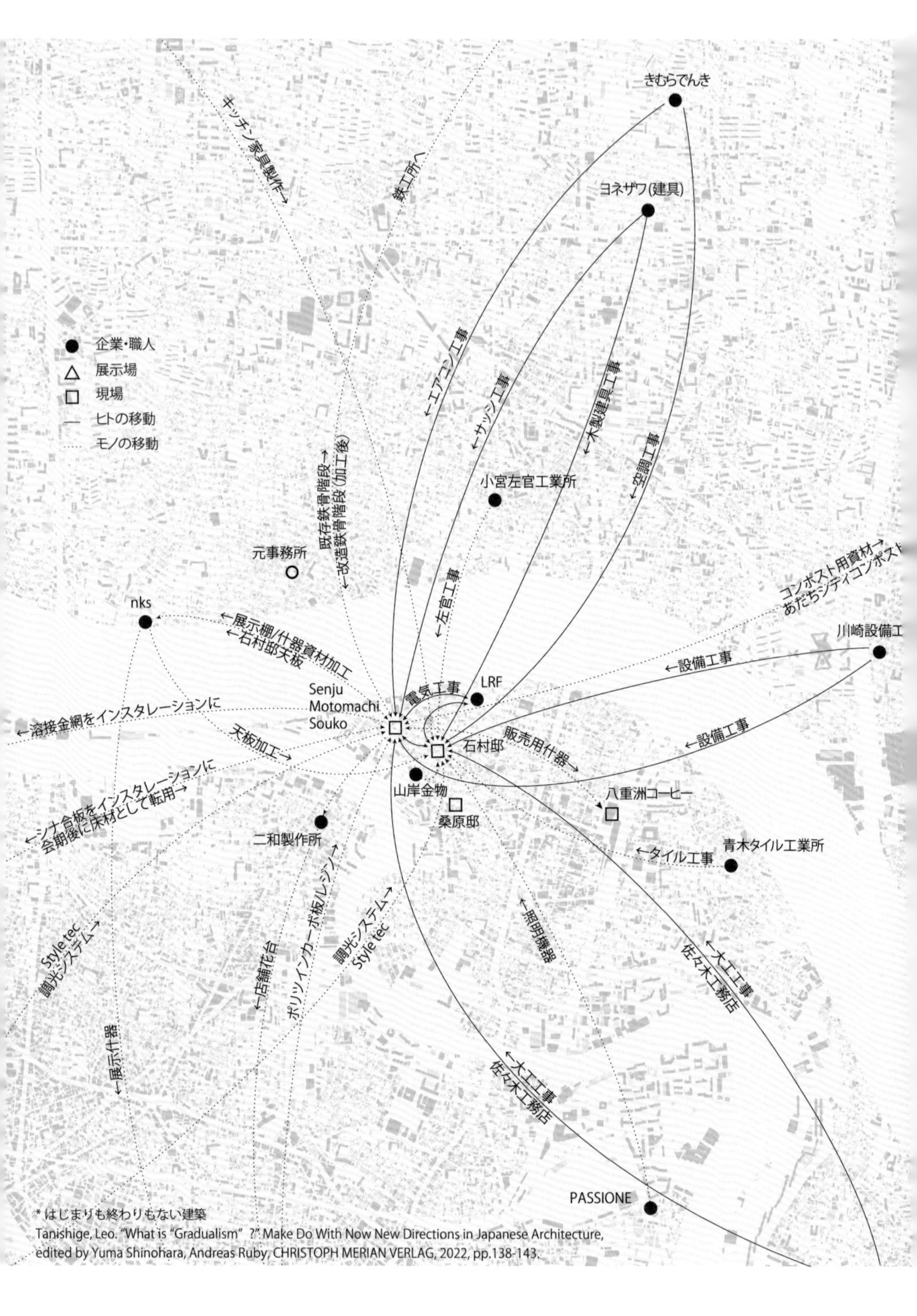

* はじまりも終わりもない建築
Tanishige, Leo. "What is "Gradualism" ?" Make Do With Now New Directions in Japanese Architecture, edited by Yuma Shinohara, Andreas Ruby, CHRISTOPH MERIAN VERLAG, 2022, pp.138-143.

で設計が行われたり、クライアントや地域の職人とコラボレーションしながら、それぞれのスキルセットによって思がけないユニークなブリコラージュが重層的に行われてきた。こうした未定義な計画の過程で、新たな形で建築の一部となったもの、その中で生まれた技術、その他にも端材や資材としてそのままストックされたもの、それらすべてを含めたものごと、これらの連関を私たちはストックと呼んでいる。ストックは通常その建築に内包されているものではあるが、潜在的に転用される可能性を孕みながらもその場所に在るということで次の一手を生み出す秩序を担ったり、そして一部が分解され転用されたり、応用されたりしながら、別のプロジェクトや他の建築の一部となって、都市の中へと転移していく。こうしたネットワークの中には設計者だけでは見いだせないつくる人達のアイデアや試行錯誤があり、それらを紐解き、建築へと還元していきたい。

under 35 architects | 井上岳（いのうえ がく）

手入れ／ Murmurs

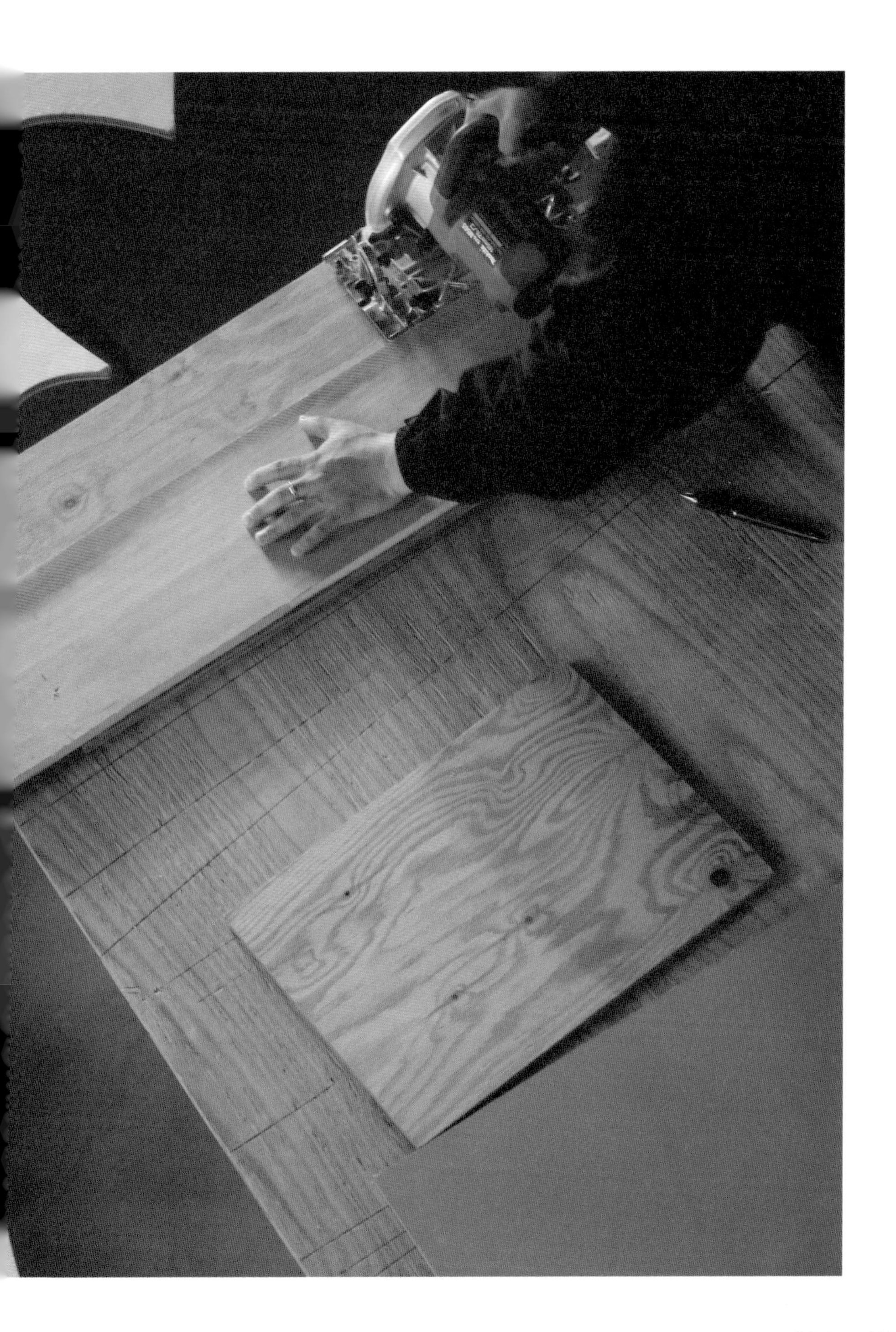

HOTEL
BEST

『手入れ／ Murmurs』

GROUP は場所に対する人々の介入と建築の設計を、「手入れ」として同様に捉えて制作を行なってきました。「手入れ」を事前に判断できる正しさや自己責任に基づくコントロールではなく、行き先の不確かで粘り気のある現実に軌道修正しながら向き合う態度と考え、変わり続ける状況に応答し続ける設計のあり方を実践しています。

磯崎新がはじめて設計した建築『新宿ホワイトハウス』は、1957 年の竣工から改修やアーティストたちの展示によって、建築の形を変化させながら、新宿の一角で建築家と現代アーティストの交差点になり続けてきました。それらの改修と展示の中には GROUP によるものも含まれます。改修と展示で変更された部分は、引き継がれ、レイヤーとネットワークを構成しています。

本展示では、『新宿ホワイトハウス』のアーカイブ模型群がいっせいに呟き出します。竣工から現在まで行われてきた「展示」と「改修」について、オーナー、アーティスト、キュレーターに既存の空間をどのように考えてきたかインタビューをおこなうとともに、当時のアーカイブ模型を制作し、展示会場に積み上げていきます。

そして、アーカイブ模型ひとつひとつがインタビューを呟き出します。遠くからは沢山の話し声が囁き合っているように聞こえ、模型群に近づくと、模型一つひとつが自らの空間を呟いていることに気がつきます。呟きに耳をそばだて、模型の窓から、当時の様子を覗くことができ、一歩引いて隣り合う模型を眺めると空間が引き継がれていることに気がつきます。

『手入れ／ Murmurs』は、竣工してから息切れしつつも「手入れ」によって運動し続ける建築のあり方を呟きます。

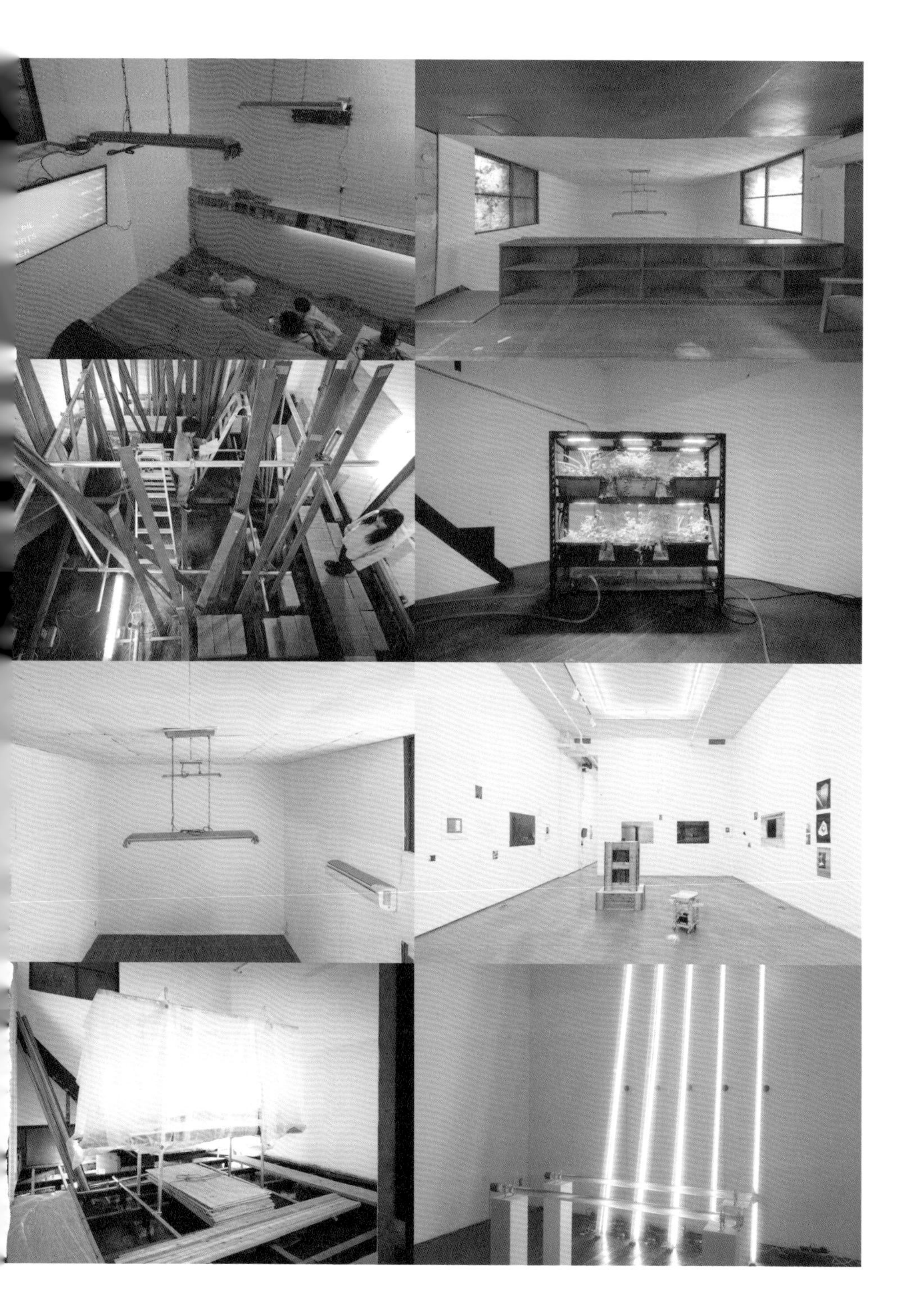

100年かけて劇場をつくるプロジェクト

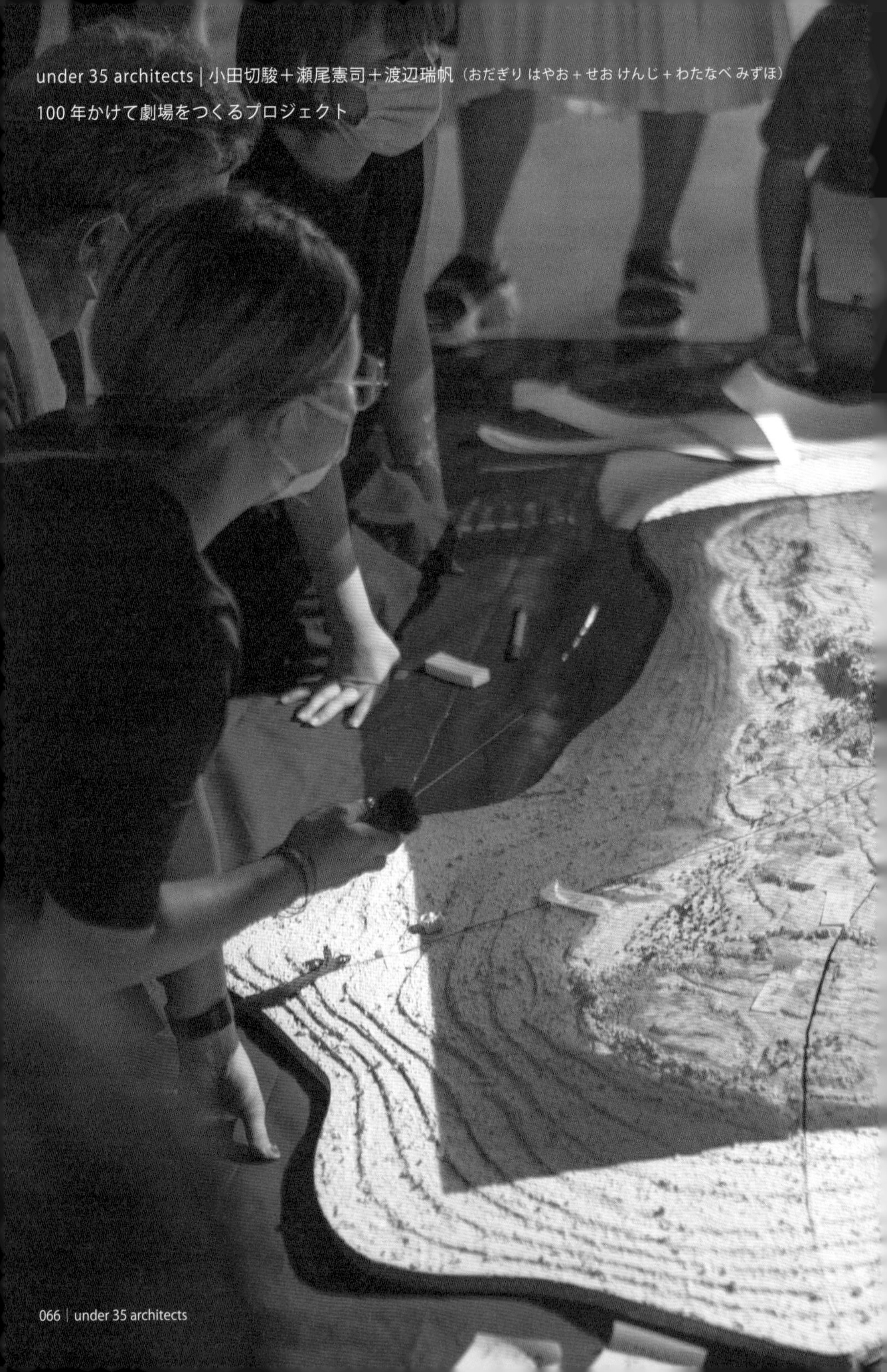

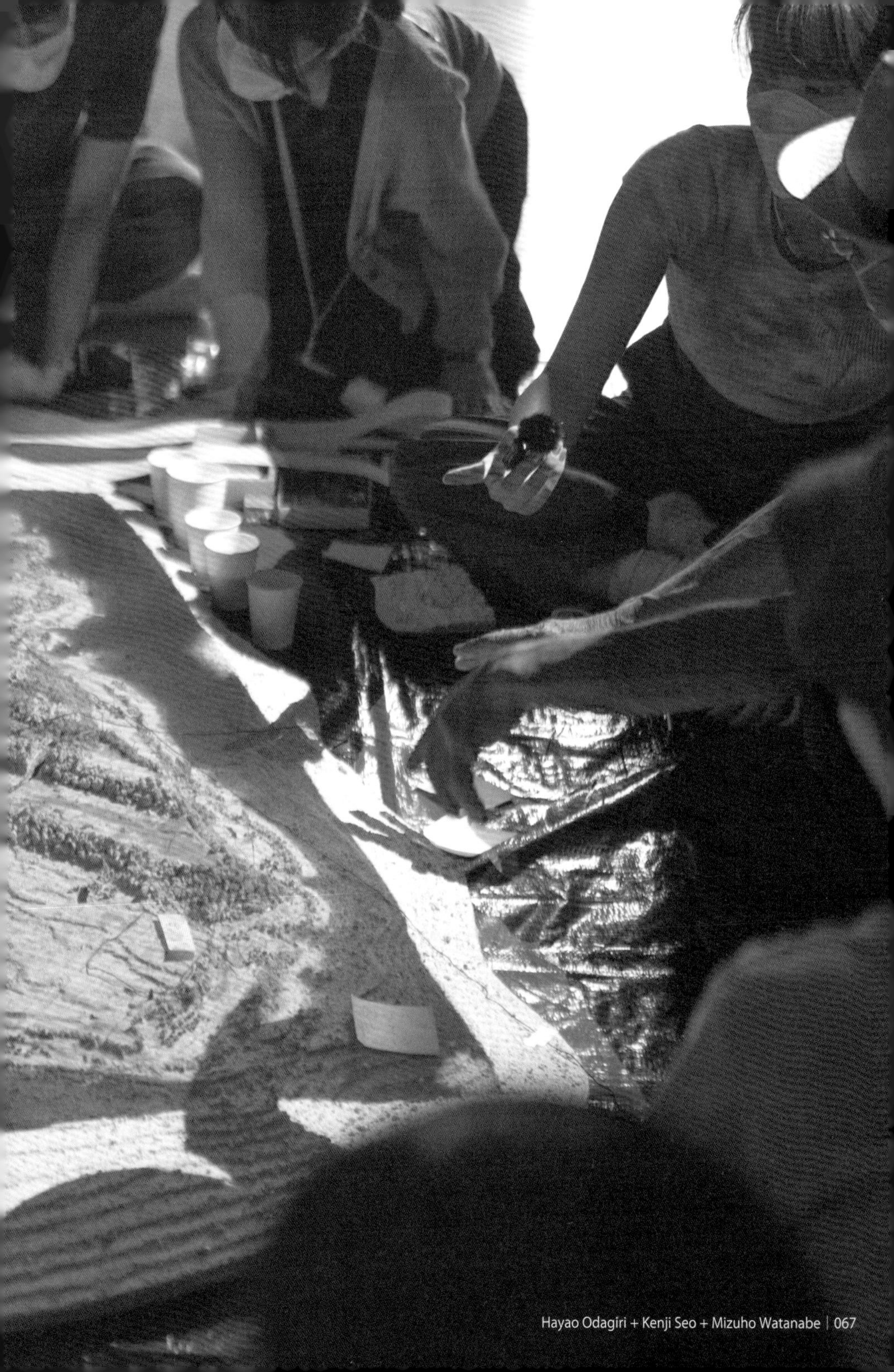

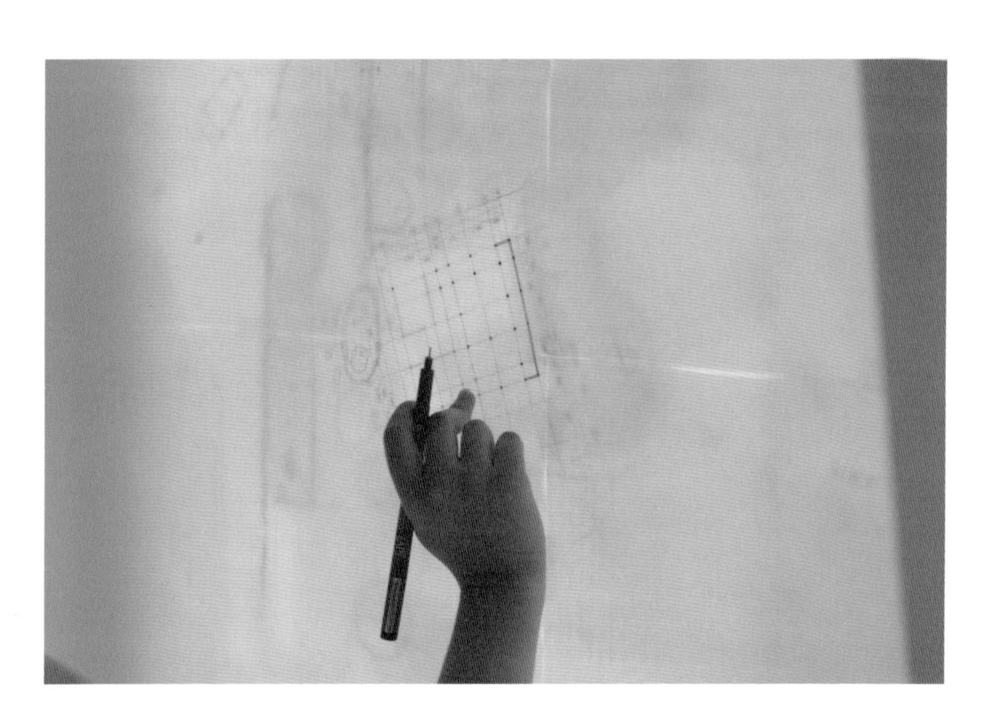

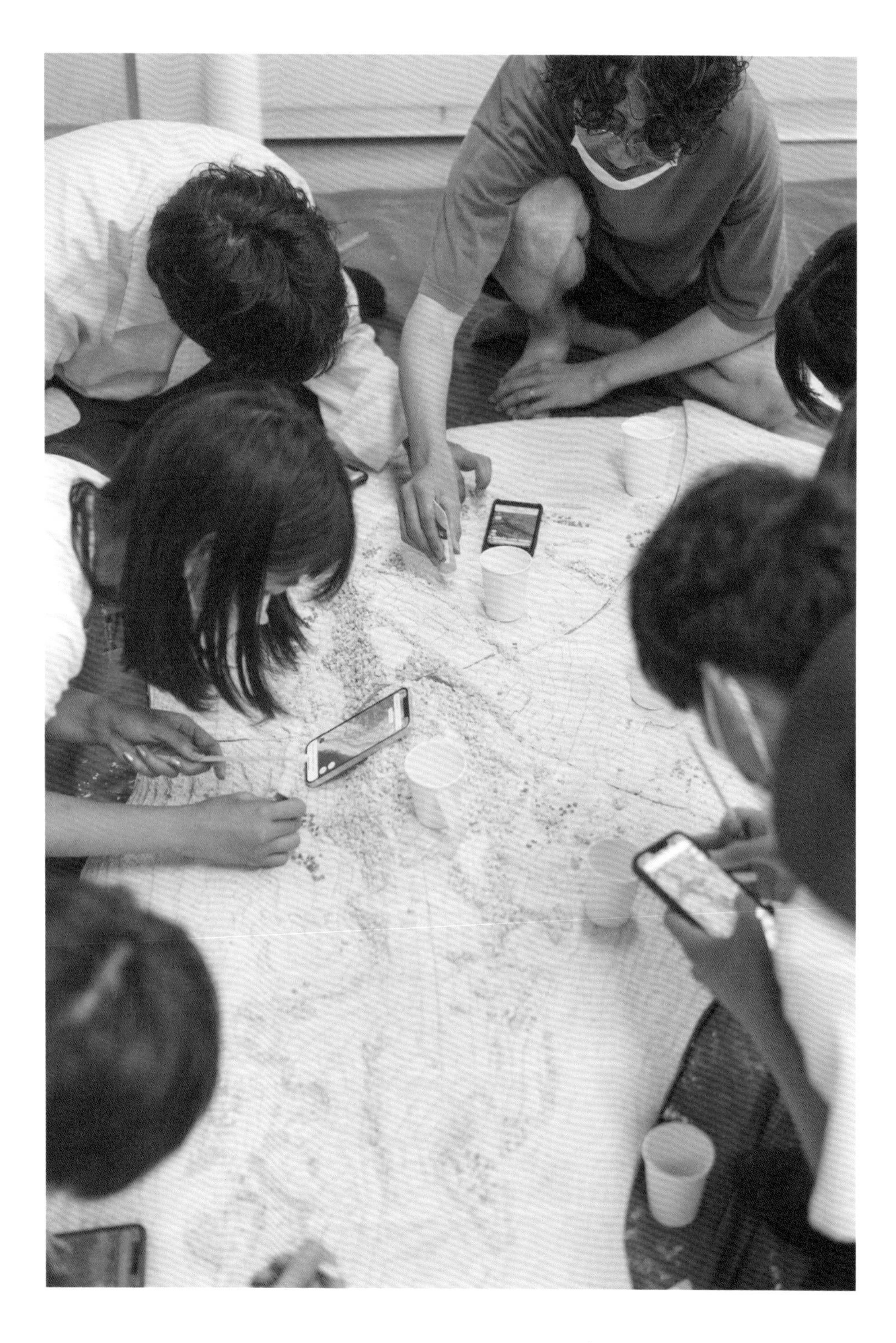

100年かけて劇場を作るプロジェクト

ガラージュは鹿児島県奄美群島の喜界島にて「100年かけて劇場をつくるプロジェクト」に取り組んでいる。喜界島サンゴ礁科学研究所と共同でこのプロジェクトは2022年に発足した。

地質学的な時間スケール

喜界島は約10万年前からサンゴ礁の大地が隆起しつづけ形成された島である。この地質学的な時間スケールを捉えながら、大地に根付いた共同体や建築のあり方を模索している。「100年」は人の一生をすこし超える時間設定である。このプロジェクトに関わる私たちも含めた現在の当事者たちは、この建築の完成を自分の目で見ることはできない。ゆえに各々が個々人のエゴを超え、次世代のより良い未来のために考えるようになるだろう。

フィールドワークによるサンゴ礁文化の調査

喜界島はサンゴ礁由来の透水性の石灰岩層で覆われているため、川が存在しない。断層が露出した場所から溢れる湧き水の周辺に集落が形成されている。こうした特異な環境で育まれた建築文化を深く知るため、全国から学生を公募し「喜界島建築フィールドワーク」を実施している。海底から一体の島模型の制作、文献・実測調査を通した民家の平面形状の変遷を追う研究、島の過去の写真収集、参加型の模型ワークショップ、農作業や季節の行事への参加を通した生活文化の調査などを行っている。

「劇場」の計画

喜界島の住民、研究者、学生、観光客など、様々な人々が集まり未来について考え続けるための場としての「劇場」を計画している。演劇が上演される場所だけではなく、人間や事物の関係性によって自然に劇が立ち上がるような対話の場を、私たちは劇場と呼んでいる。何をいつどこに建設すべきかということも含めて、議論が行われている最中である。現時点で、研究・教育活動ための場所や、新たに始まった祭りのための場所などが不足しており、目下必要な諸機能を満たしていくための建設も求められている。遠い未来のための計画と、現在のための計画が同時に進行していく状況をコントロールしていくための指針となるような、動的な計画書の作成を行っている。

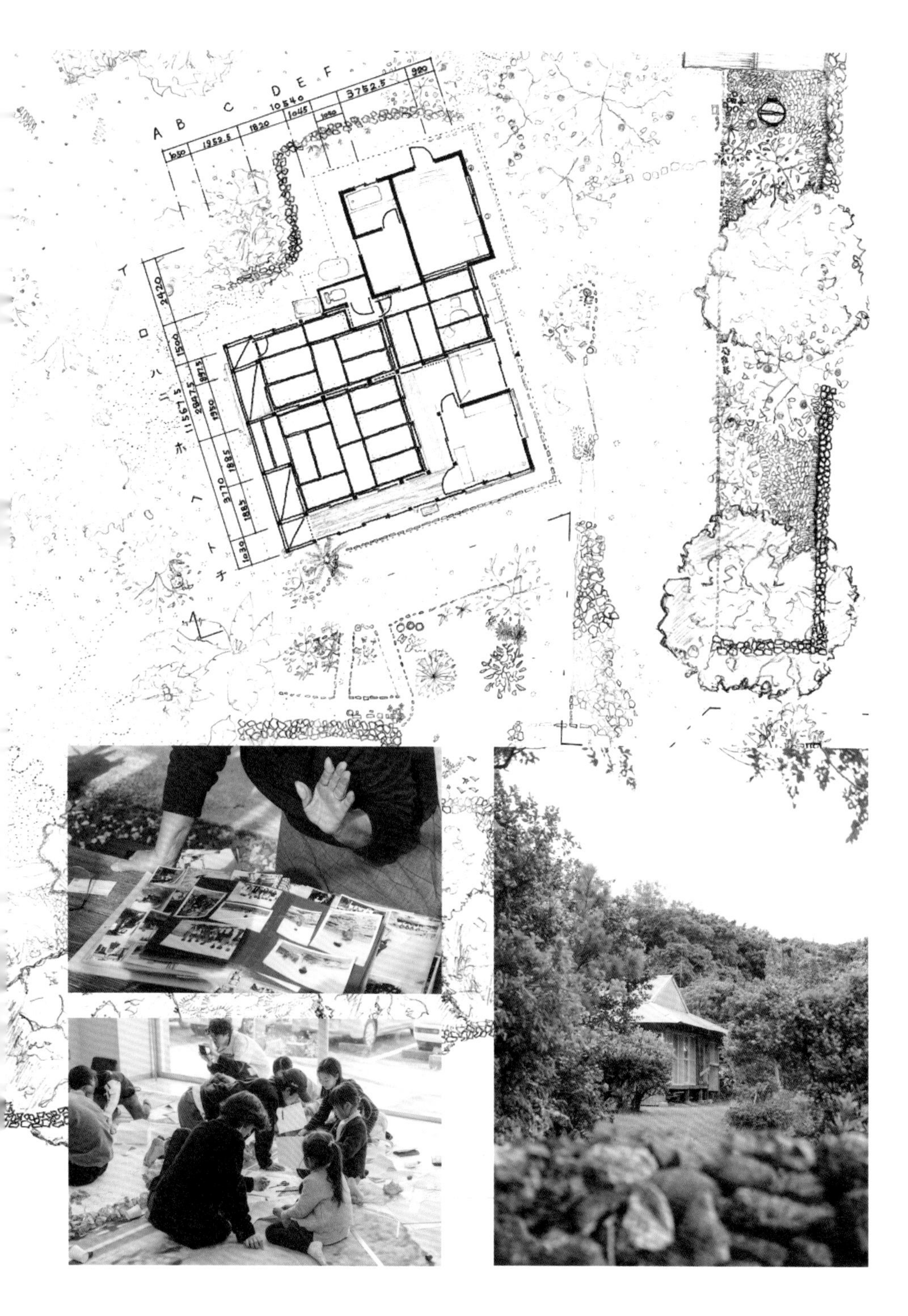
A B C D E F
10540
3752.5
920
1050
1952.5
1820
1045
イ
ロ
ハ
ニ
ホ
ヘ
ト
チ
2420
1500
11567.5
2847.5
1950
1885
3770
1030

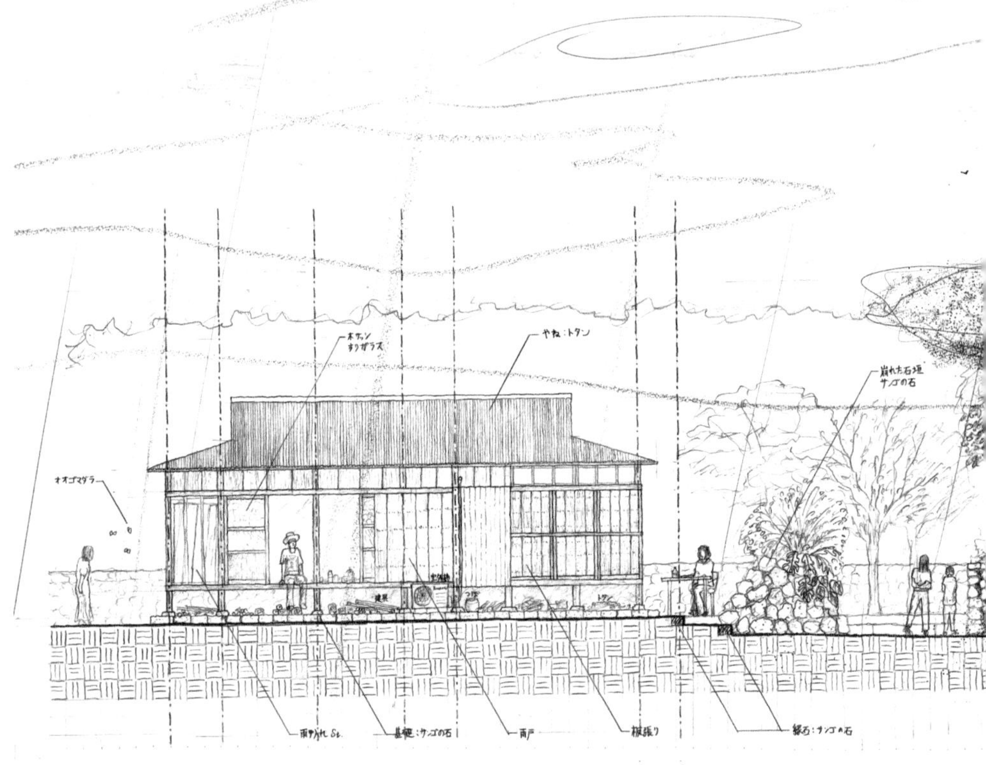
木サッシ
すりガラス
やね：トタン
崩れた石垣
サンゴの石
オオゴマダラ
基礎：サンゴの石
雨戸
板張り
縁石：サンゴの石

光抜けるパーゴラ
石垣 h≒1500
サンゴの石
▽1FL=GL+730
段々
積み上げられる
劇場

中中野プロジェクト

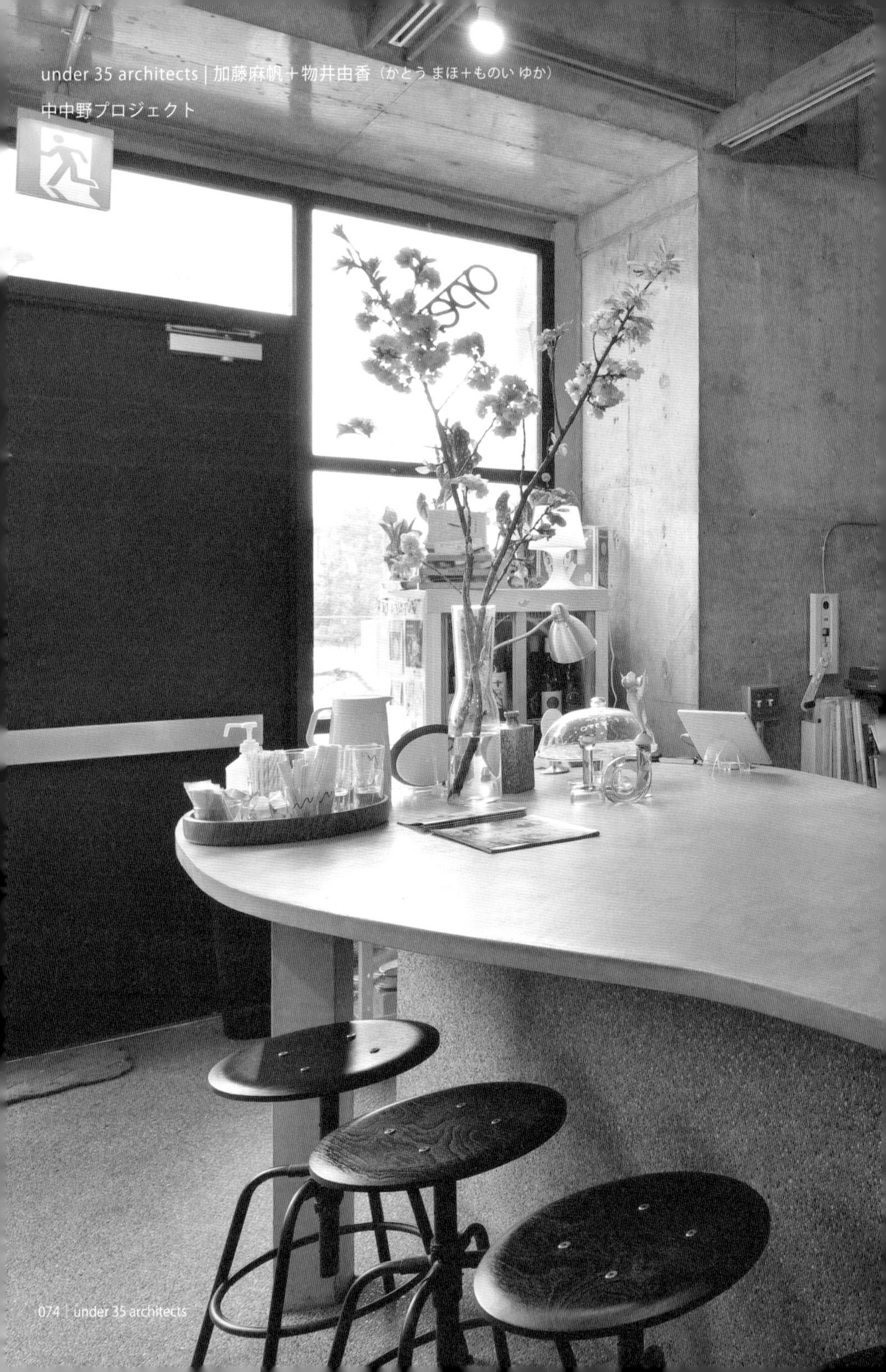

海
里の曙

まちにいながら主観的に建築を考えるということ

家で生活してると、ここに少し出っ張りがあったら良いなとかこの窪みに物をおけるなとか気づくことがあるが、そんな感覚で町に暮らして、主観的にまちをとらえることで、新しい建築のあり方を考えられるのではないか。

日常を設計すること

設計をするために考えるのではなくて、そこにいて考えたことが設計になるというようなことができないだろうか。設計という行為は、多くの人によって日々行われている。例えばこの窪みにものを置けるなと気づくとき、ここでは頭の中で窪みの寸法を測り、そのサイズに合う小物を選び出すという作業が行われており、これも小さな設計であると言える。日常に散りばめられた設計行為を見つけ、設計するということはどういうことなのかを考えたいと思った。

この中中野プロジェクトは、中中野というまちを舞台に、日常に溢れる様々なもの、空間、活動を設計していくプロジェクトである

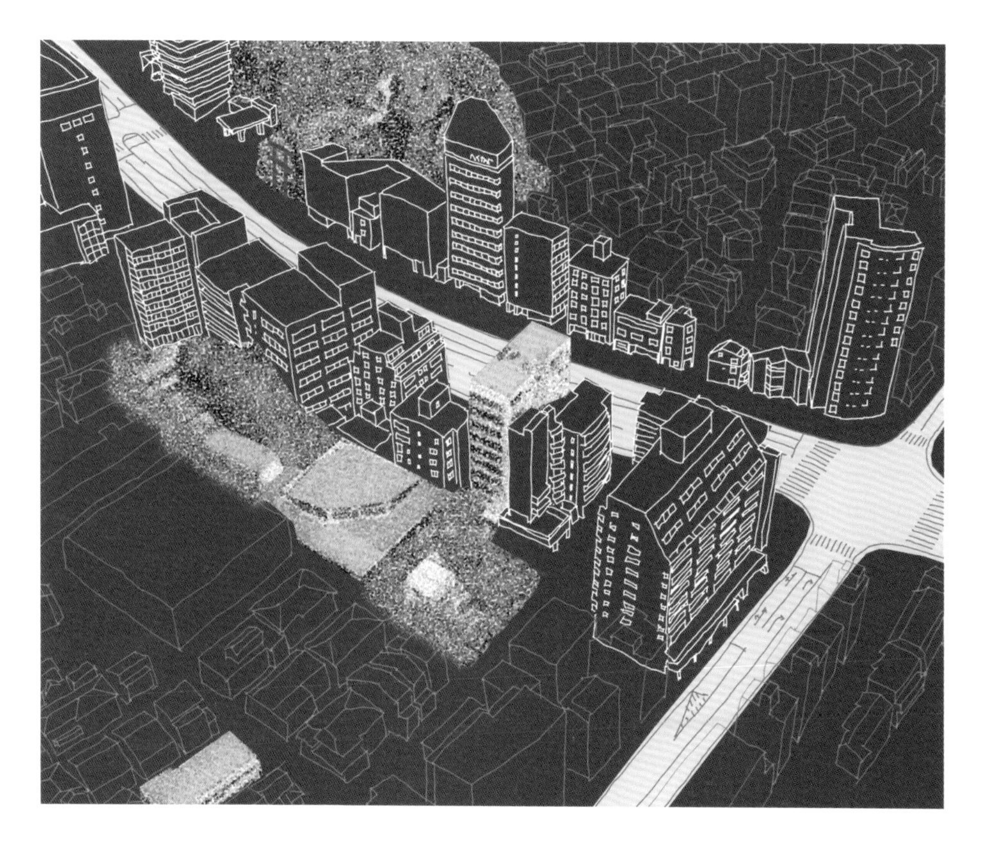

「中中野プロジェクト」
中中野のまち。山手通り沿いにはビルが立ち並び、その内側には能楽堂や神社がある。

三つの石
　はじめに三つの石が置かれる。それは場を制限すると同時に拠り所になる。ひとつはカウンターが置かれ、ひとつはベンチになり、もうひとつは何になるだろうか。

なかなかのカウンター
　石の上に置かれたカウンター。それはなかなかのにあると、コーヒーや焼酎が置かれ店主とお客さんの会話が生み出される場になる。
大阪の展示会場に運びこまれたカウンターは中中野の模型が置かれ、まちについて語り会う場になることを期待する。

ものさし と まなざし

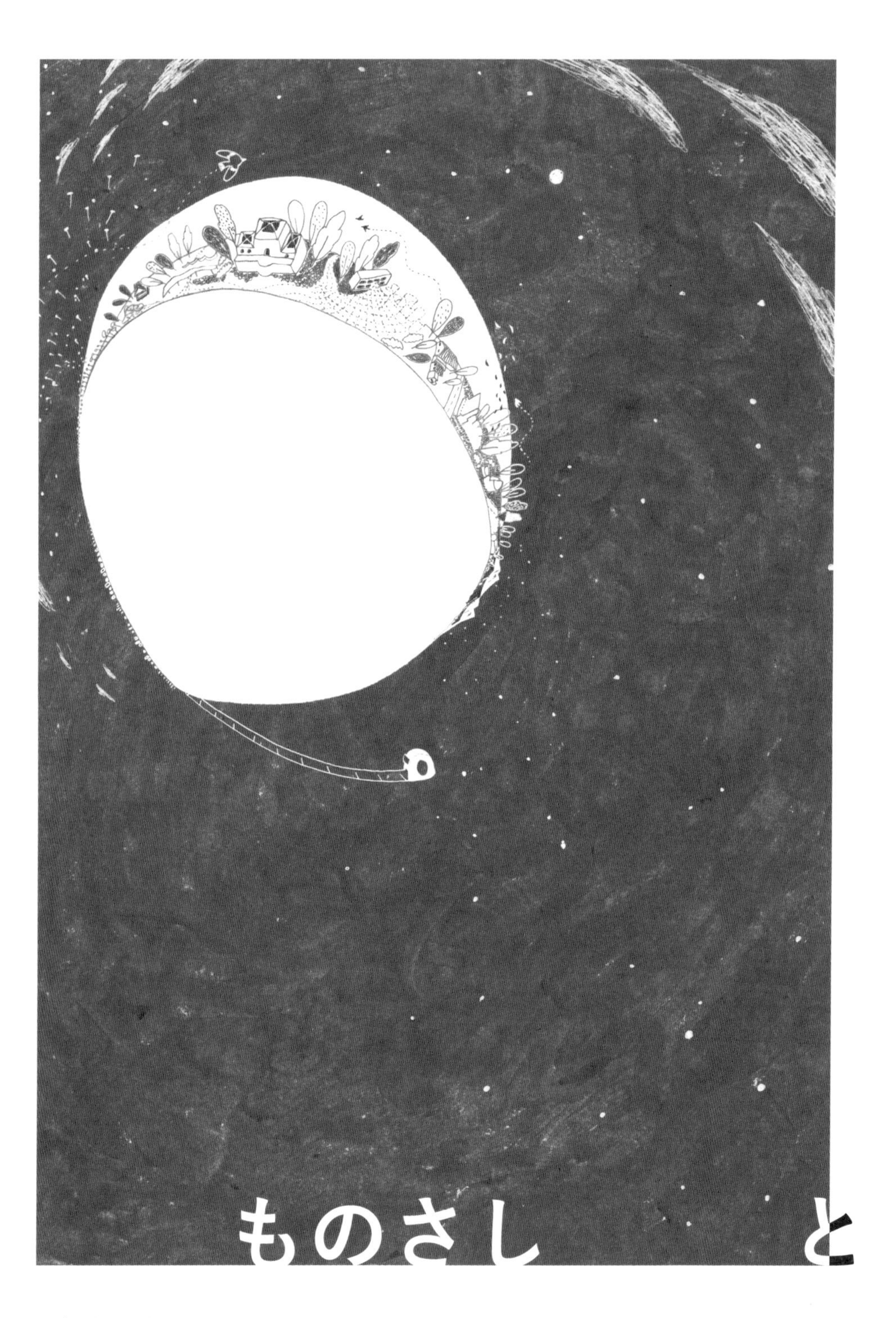

ものさし　と

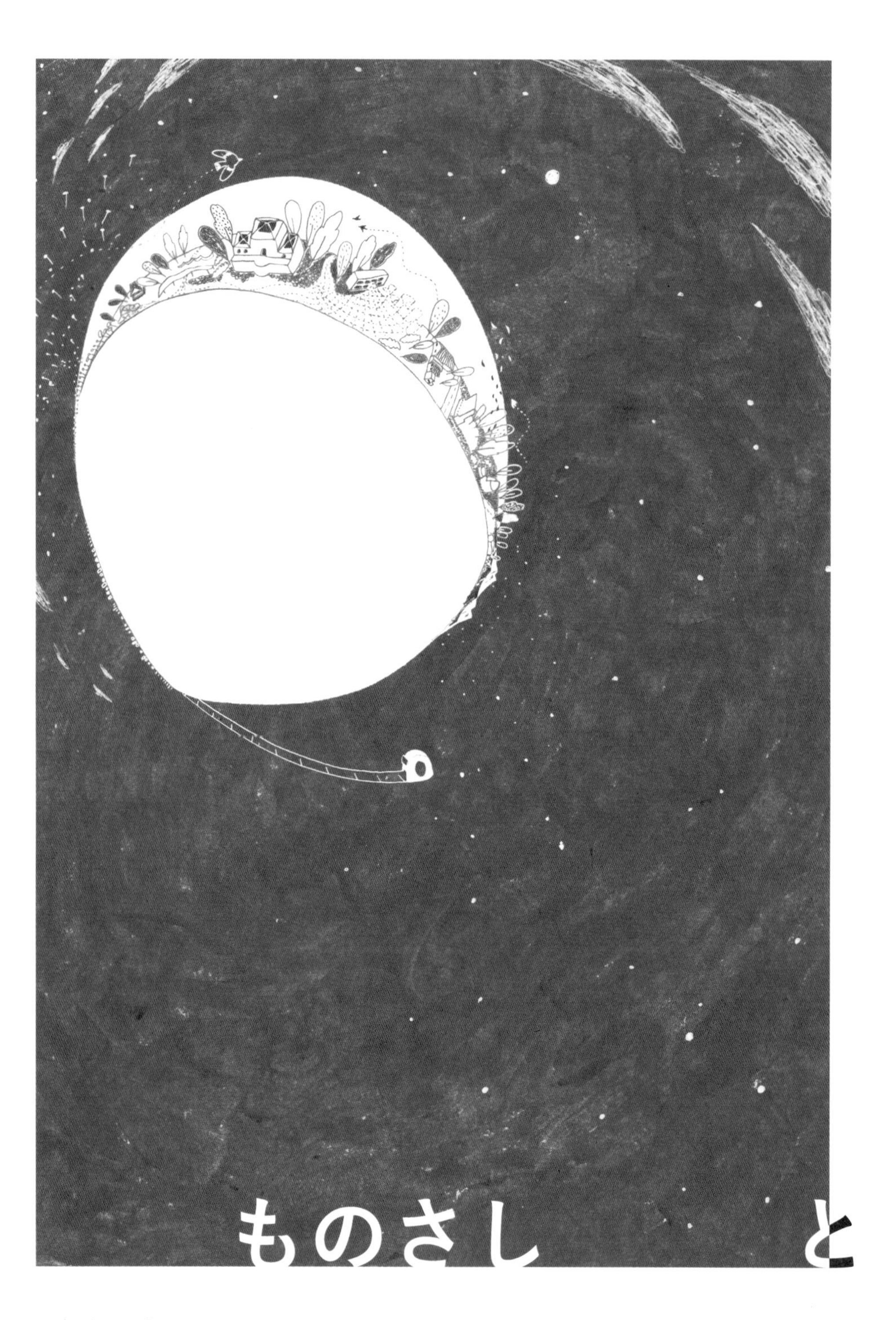
ものさし　と

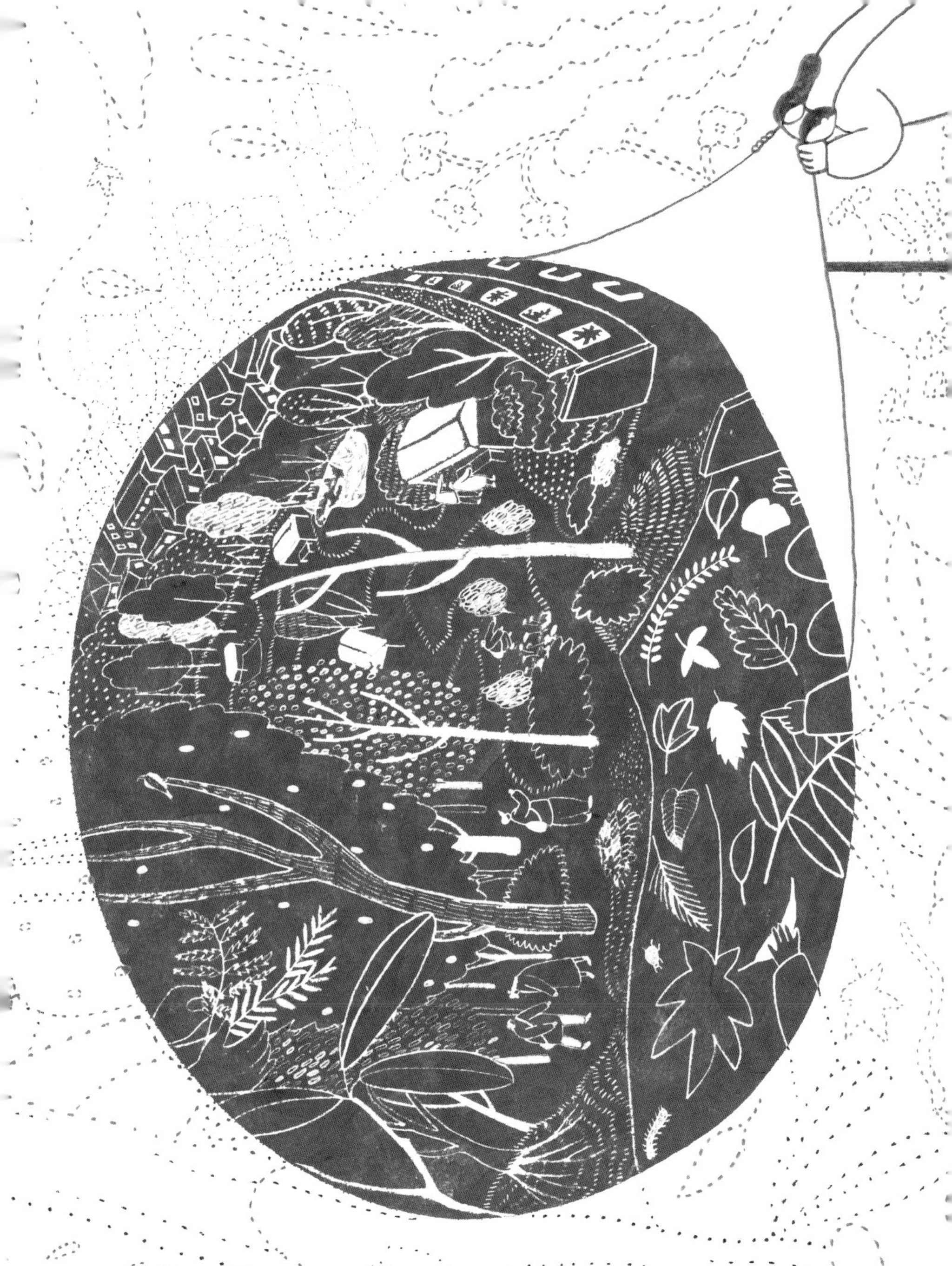

まなざし

ものさし　と　まなざし

「建築家とは何か？」そんな問いに、ふとこぼれ落ちた「庭師のようなものかも」という答え。自分たちでも用意していなかった言葉に驚きを覚えながらも、そこから生まれたイメージの断片を紡いで何とかその場でセンテンスにしてみた。緊張と興奮に満ちた何とも言えない時間だった。

思えば、私たちが建築家としての拠点を今の場所に据えたのは、アパートの部屋の窓から見える植物園の風景がきっかけだった。それから毎日、私たちの暮らしの傍には植物園がいた。数年前、そこを舞台にお祭りを計画した。「小石川植物祭」だ。ビジョンは「“植物” と考える、まちのこれから」。異なる分野の専門家がフィ　ルドワークを行い、それぞれの視点から植物と対話し、独自のアイデアに命を吹き込む。植物園とまちとの美しい共生を夢見た私たちの小さな思いつきは、1 万人を超える人々の心を動かした。これにはとても感動した。

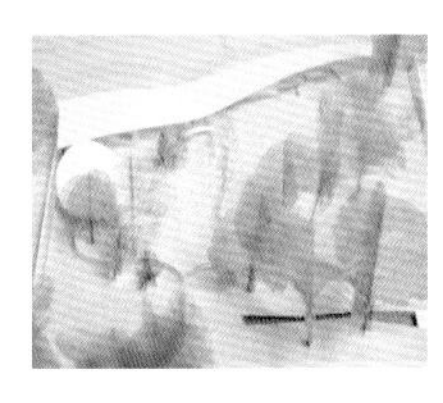

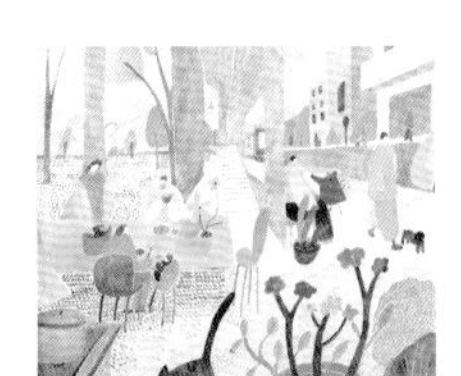

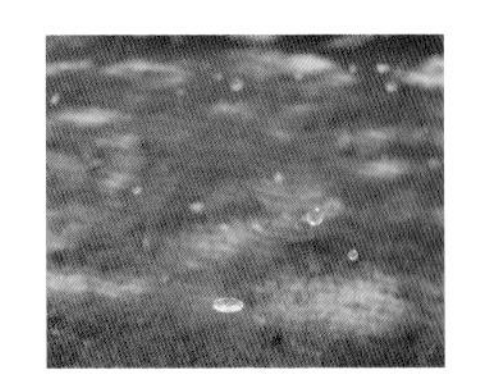

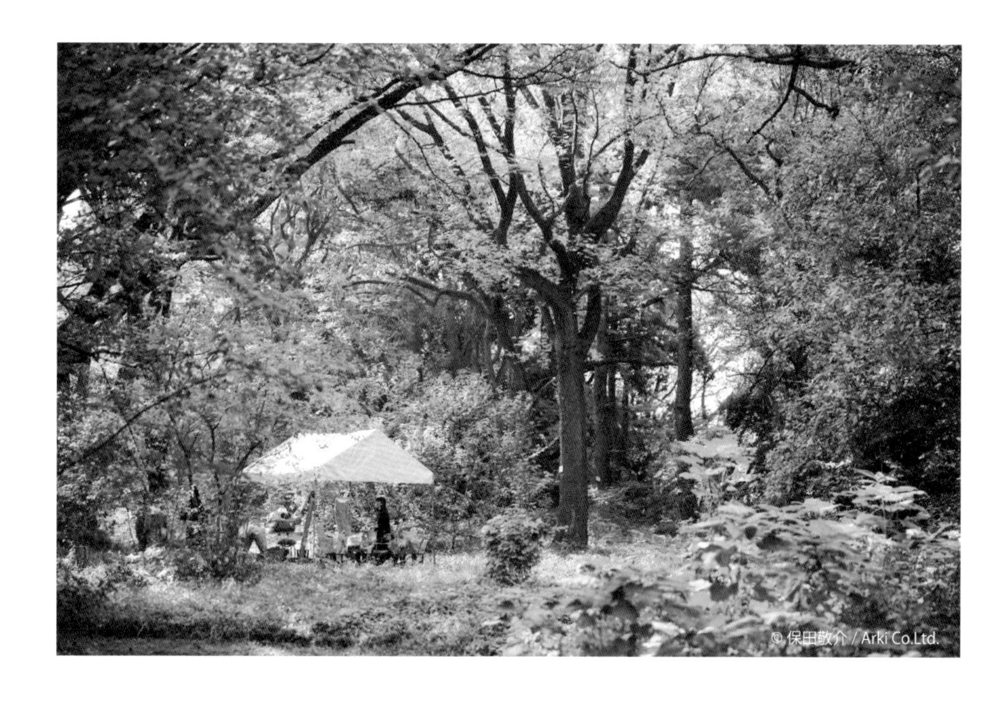

それからというもの私たちは、見慣れぬ世界の観察者となった。植物、昆虫、動物、鳥、微生物、たくさんのアクターによって確立された関係が、非常に複雑な環境を組織している。学者にとって植物は無論、フィールド自体が研究の対象である。そんな特異な環境を保つため、庭師は日々その変化を観察し、ケアを行う。全く自然という訳ではなく、自然を作為し、一貫性を意識しながら全体を整えていく彼らの直向きな姿に私たちは強く共感した。

「都市の庭」を介した、極めてローカルな循環がこのまちには生まれつつある。そこに集まる出展者らは、何か新しいものをつくり出す「生産者」ではない。そこにあるものを分解し、再資源化することで価値を生み出す、「分解者」としての創作態度と言えるのかもしれない。

「ものさし」と「まなざし」とのあいだに生まれる往復運動。私たちの建築はその響きの中でゆっくりとひっそりと情感を持って立ち上がる。

under 35 architects | 守谷僚享＋池田美月（もりや あきひろ＋いけだ みつき）

長岡の集合住宅

OUR ECOLOGY
HAPPY
NEW
YEAR

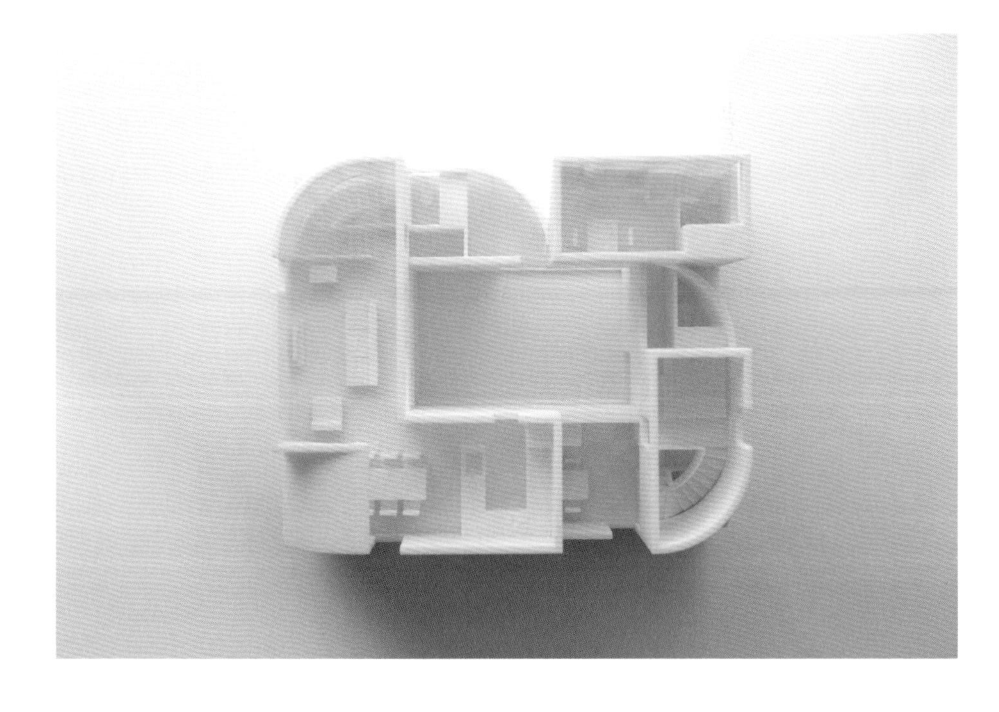

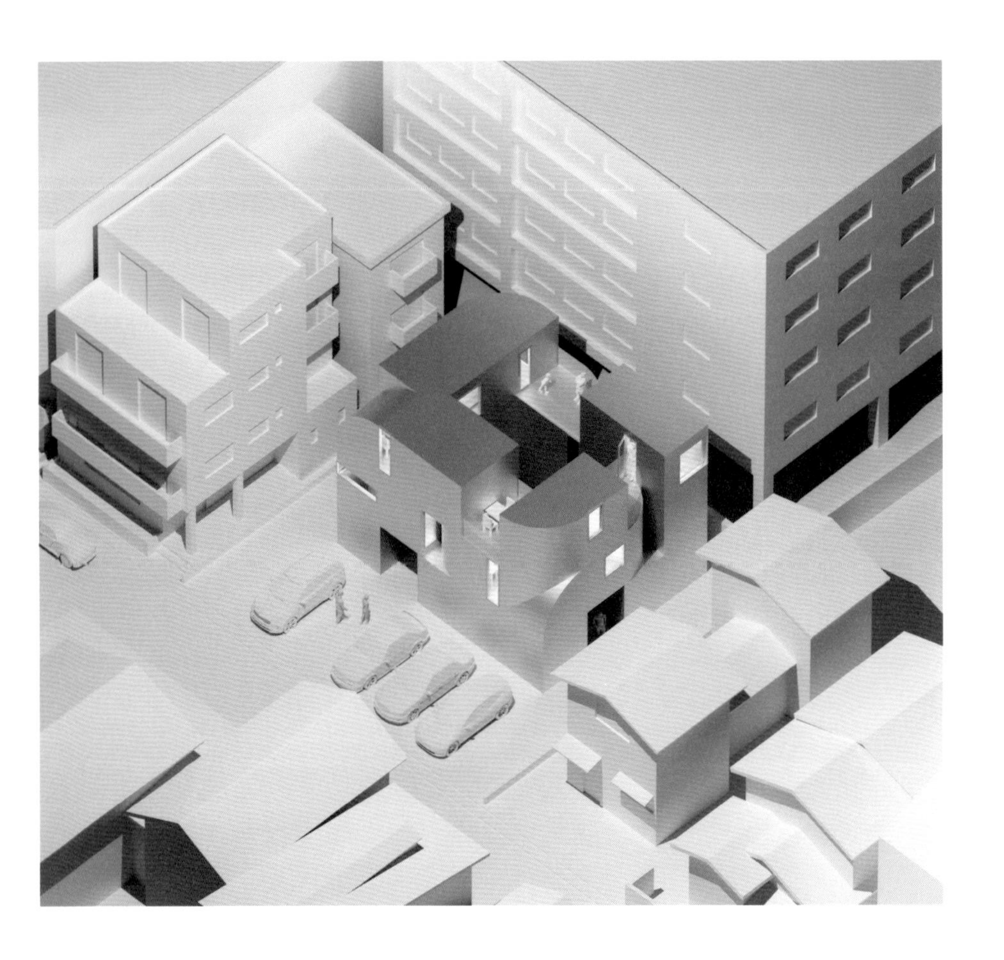

Figure 1. Building in Context

Figure 2. Exploded Axonometric

Puzzle / Void

新潟県長岡市に計画中の集合住宅。集合住宅というタイポロジーにおいては、容積率を使い切り効率的にユニットを配置することを求められることが多いが、クライアントは４ユニット程度の小さな集合住宅を望んでおり、敷地に対して計画の自由度が比較的高い。最大可能床面積を使い切る都市型の高密度な住居でもなく、郊外型の独立した庭つき戸建て住宅でもない、中間的な密度の与条件を最大限生かすような住居の集合の在り方を考えている。

「集合住宅」という大きな建物のボリュームを４つの「個室」に分割していくのではなく、独立した「住宅」を４つ寄せ集めたような状態を目指した。一つ一つの住宅は異なる形、平面と断面を持っていて、色々な方向に窓が開いている。その集合の在り方は、ユニット同士が密に充填されるような効率的な配列ではなく、自由に振舞うオブジェクトたちが隙間を作りながらルーズに接しているような、ポーラスな状態である。それらの隙間は中庭やテラス、庇のある立体的な外部空間となり、都市と郊外のいいとこ取りをしたような、魅力的な状態を作り出すのではないかと期待している。

1F

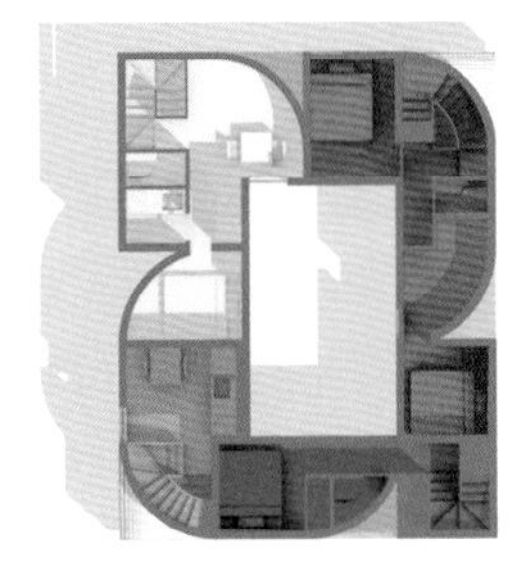

2F

3F

Figure 3. Floor Plans

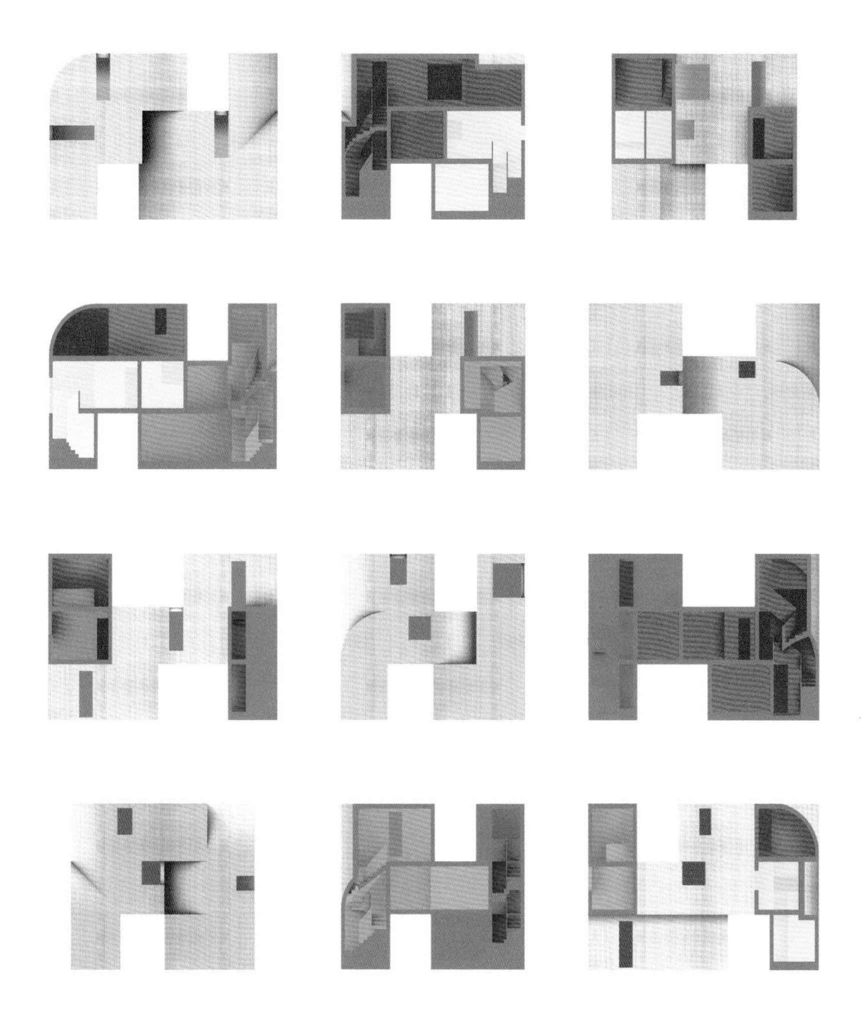

Figure 4. Elevations and Sections

under 35 architects | 山田貴仁＋犬童伸浩（やまだ たかひと＋いぬどう のぶひろ）

House in Ba Ria Vung Tau

<1.000m2 の不完全な家 >

ホーチミン市から 130km 離れた、1,000m2 の広大な敷地に建つ小さな住宅の計画。都市人口が急増する中、この郊外の外縁部は今や都市化の最前線である一方で、資源や技術もまた限られている。このプロジェクトは、この土地の「普通」の建築と、その作られ方、その居住のされ方から学ぶことで、郊外のインダストリアル・ヴァ

"House in Ba Ria Vung Tau" 鳥瞰

ナキュラーを再発見することを目指している。
小さなコンクリートの箱は大きく張り出した屋根に覆われ、その周囲には柱の森が広がり、半透明の布が大地に刻々と変化する影を落とす。クライアントはこの建築未満の環境を、不完全な 1,000m2 の家と呼んだ。

私たちの取り組みや進行中のプロジェクトから導きだされた７つのキーワード。ベトナムの「ふつう」の事象を出発点として設計する私たちの思考の変遷を、“House in Ba Ria Vung Tau” を中心にこのキーワード群で分解し、再構成する。

“とりつく島をつくる”

…この外部空間を茫漠なタブラ・ラサとして放り出さずに、地表を生きるためのきっかけに溢れた環境を、この土地全体に広げてみたいと考えた。

“目の前にあるものはなんでも使い倒す”

…先進国のようにカタログから選ぶのでもなく、未開文明のように泥から手作りするのでもない。人工物 / 自然物を分け隔てなく使い倒すこと自体が、この国らしい都市の風景を作っている。

“郊外の、その先で”

…都心部から 130km ほど離れた「郊外のさらにその先」の土地…ここで建築することは近い将来の「ふつうの暮らし」を見据えることに繋がるかもしれない。

“弱い線のつらなり”

…高温多湿な蒸暑気候では、単一の強固な線で内部を閉じ込めるよりも、弱い線を何本も引いていくような境界のつくり方が有効である…こうした不完全な要素の集まり、建築未満のモノを肯定する。

“郊外のインダストリアル・ヴァナキュラー”

…広い土地と潤沢でない予算の中で、手にはいる材料と技術は分け隔てなく使い倒し、できるだけ安く広く生存領域を獲得すること。

“明日には引っ越せること”

…不安定な不動産状況から生まれた分解可能な家具と、その集積でつくられる私たちのオフィス空間。

“普通であること”

…切実な場面に直面したとき、…作家性が不要とされる状況でそれでも我々ができることは、この国の” ふつう” の事象に改めて目を向けることだった。

shows the history of development in Saigon until
nanently closed. Its unusual shape as watertower
le from surrounding buildings.

We see different "weight" everywhere in Saigon. Buildings designed in the past century are relatively heavy in terms that they are made of concrete and bricks.
On the other hand, "Light" elements support urban life here in Saigon like what we call "everyday material".
In this case, light blue Acrylic sheet create beautiful shade on the apparently old building's facade, compensating lack of large trees in front of the entrance.

To think about an environmental object means to question the opposition of separation — private and public, inside and outside. By refusing them, I hope to replace separation with co-existence and expand with consensus. It must also be the practice of thinking the threshold of the house - who do we live with? How high should our walls be? Can I sit/stand/put here?

You can see the worker's hut next to the big construction site. In the suburban side, worker can sleep in the night but even in the city side, they can take rest in hut within day time with harsh sunlight which is not possible them to work. They try to make this hut by light and temporary structure sometime by surplus material of the site.

interview | meets U-35

インタビュア：倉方俊輔　× 永山祐子 × 藤本壮介

出展若手建築家：石村大輔＋根市拓　井上岳　小田切駿＋瀬尾憲司＋渡辺瑞帆　加藤麻帆＋物井由香
Aleksandra Kovaleva+ 佐藤敬　守谷僚泰＋池田美月　山田貴仁＋犬童伸浩

大阪駅
OSAKA STATION

倉方俊輔

倉方：今日はこれだけ建築家が集まっています。ぜひ「建築家とは何か？」というテーマで議論したいと思います。建築家というのは資格ではないですよね。他称あるいは自称。自身で建築家ですと名乗る場合、そこには何らかの自意識があるわけです。他方で、同じ言葉を社会が使う場合には、私たちからすると建築家だと言えるのかどうかわからないような場面でそう名指させる、社会が決めつける建築家像と対峙しなければならないわけです。とはいえ、両者は交わらないわけではない。むしろ、相容れない二つが合わさったとき、建築家は社会的な効果を発揮するのだと言えるでしょう。まさに、そういう状況の渦中に巻き込まれているのが永山さんや藤本さんで（笑）、加えてこの U-35 はそもそも若手建築家の展覧会として、建築ではなく建築家という言葉を掲げています。ですから、7 組の出展者の方々にも、建築家という職能のあり方や、何か変えていこうとしているところ、引き受けようとしていることなど、建築家が思い描く建築家像と社会が本当に必要としている建築家像の両方を見据えて、どのように意識されているのか、または特に意識されていないものなのかをお話いただき、それを 2025 年に向けて邁進されている永山さん、藤本さんと交歓させてみたいのです。それで永山さん、建築家ってどういう職業なのでしょうか？

永山：今回この場にいらっしゃる、出展者として選ばれた皆さんの立ち位置を問うような、なるほどと思うテーマですね。出展者の皆さんは多分自分の活動を真摯に、建築の活動としてやっておられると思うのですが、その範囲や方法にはすごくバリエーションが出てきていると思います。建築行為について少し前段階、企画の段階から関わられている人もおられますし、さらに運営などを含む建築が建った後の方まで関わっていく方もおられます。様々なやり方で建築という領域を広げていっている人たちが今回、選ばれているのではないかなと思っています。私自身も結構プロジェクトの最初の段階から関わることが増えてきていて、そもそもこの施設がどうあるべきなのか、そこに商業を入れるのか入れないのかというようなそのくらいのことから一緒に考えていく、並走していくようになってきたなと感じています。その中でこれを建築にするならこうです、こういう設定ならこういう建築ができます、というようにソフトとハードトータルの解法を形として見せられる唯一の職業なのではないかなと思っているのです。例えば企画だけを考える人はやはり最終的な空間や建築が見えないからなかなかジャッジができない。そういうところで今私達に求められていることは、実際に形になったらどうなるのか、というすごく先の未来像を見せられる大事なお仕事だと思っています。今、良くないことだなと思うこととして、そもそも良い出題を出せる人が減っています。クライアントも本当はプロのクライアントにならないといけないと思っているのですよ（笑）。やはり良い出題に対しては良い答えが導き出せると思います。これは当たり前のことではあるのですが、それがどうもできていないのではないかなと。特に今の日本の状況の中では経済性を追いかけるばかりで、良い施設を自分たちが主体的に作ろうというプロ意識が欠けている人がクライアントとなるケースが増えています。私たちもそうですが、若い世代は特に良問を出してくれる状況を待っていても仕方がないから、そこに入っていって一緒につくっていかなければいけなくなってきてしまった。ですので、そこまでコミットしながら建築の領域を広げて考えていくという建築のスタンスが今後、必須になってくるのかなと思います。そのために私たちもそういうことに対して全面的にコミットできるようにスキルを上げていくことが求められている。ですが、そこはしっかりと対価を取らないといけないところですよね（笑）。そういったことも含めてプロフェッショナルの在り方を総合的に考えていかないといけないなと思っています。

倉方：確かに建築家もクライアント側もプロ意識は持っている必要がありますよね。現在のお仕事の中で、実感として感じていることを話していただきたい。実際、困ったことなどをお話ししてもらえると、他の方たちも参考になるのではないでしょうか。藤本さん、いかがですか？

藤本：僕たちの世代あたりまでが多分、いわゆる古い建築家像が多少なりとも頭に残っている世代なのでしょうね。一方で僕が、建築家とは何か？と聞かれた時は、「人々のための場所をつくる仕事です」と答えます。それは、建築物をつくることもありますが、建築に限らず人が活動する場所であれば、物理的な場所ではなくても活動の仕組みなどフィールドやシステムをつくることも含むからです。僕はたまたま建築物を考えたり、フィジカルな空間として考えることが得意で、あるいはそれ以外ができないから、現在のようなことをやっているのだけれど、今日ここに来られている出展者の皆さんの活動には、人がいろんな形で活動しているところを見ていたり、永山さんがおっしゃるように広がりがありますよね。建築をフレームにする必要は全くなくて、むしろその広がりそのものをどう捉えるのかに着目し、それまでの職業や専門性の枠で何かを語るのではなく、活動をする人の側から見てどういったことをするのか、あるいはどういう人とコラボレーションするのかというところまで考えて素直にやっているなということに新鮮さを感じます。本質的な意味で建築家像に広がりを持っていますよね。先ほど永山さんがおっしゃったこともそこに多分関係していると思うのですが、今の時代は僕たちが建物の形や空間をただつくっていけばいいという時代ではなくなってきているということは僕自身もすごく感じているところで、いい意味でそれプラスαを期待するということではないですか。永山さんがおっしゃった、

クライアントの何力でした？

永山：出題力（笑）。

石村大輔

根市拓

藤本：（笑）そう、出題力。クライアントが建築家に頼もうという時に、今までなら、例えばここを開発するためにビルのような建物がいるからお願いします、と言ってくる。こう聞くとクライアントが何か枠組みの中に収まってしまっているように感じていたのです。それが最近のクライアントは、もう少しこの状況の中で何か面白いことができないか、と相談に来られます。どうすればいいのかわからないから、とりあえず面白いことをしてくれそうな建築家と話をしてみようというわけです。彼らがいい意味であまり厳密に出題を捉えなくなってきた、あるいは捉え切れないくらいに現実社会というものが複雑になってきてしまって、そのままふわりと投げてくるというところですね。悪く言うと丸投げ（笑）なのです。こちらとしては出題がしっかりなされることで判断や答えが変わってくることもありますし、逆にもう少し状況を全体として考えられると思うのですよ。まさに建築家に求められる、いきなり建築の形に追い込むということではなく、もう少し大きな状況としてこういうことがあり得ますよと。その中でここにはポテンシャルがあると思いますのでこういう建築をつくると、こういうところが盛り上がってくるのではないかなという意見を含めた全体論として建築を選んでいけるような、建築家の提案に対する期待値は高まってきていると思うのです。その上で、もちろん永山さんが言われた、そこまでを見越した出題力を持ったクライアントばかりだといいのだけれど、逆に変に厳密な予見を制限として提示するような出題力だと、不要な枠ができてしまう。今の時代だとその枠を超えたものを目指すことの方が多分求められているでしょうし、クライアント側も直感的に今まで通りやっていたらダメだよなという感覚があるからこそ、それを超えた何かを建築家に期待しているのでしょう。流れとしてはいいい流れが生まれてきているのではないかなという気がしています。ディベロッパーも含めた民間のクライアントが、今までの戦略、勝ちパターンのようなものが時

井上岳

代の複雑さの中でわからなくなってきているのだと。それなら一緒に考えようよ！と自分たちの期待を上回る何かを求めてくれる。これは僕たちにとってはやはり幸せなことですよね。その中で何を提案できるのかというのはある種クリイエイティビティが問われるところです。一方で先ほど倉方さんが、僕たちが渦中にあると表現されていたけれど、大きな意味で一般の方から見たときの建築家像というのはまだドラスティックには変わっていないわけで・・・

倉方：そうですね。

藤本：クライアントとして開発を頼んだり何かやりたいと思っている人が、建築家に期待することは、本当はこのような拡張された建築家像みたいなものだと思うのです。一般の人からすると、万博のように、建築家を名乗っているこいつらみたいな扱いをされたり（笑）、まだそういうところもあるのですが、そこは別に戦うわけではなく、建築家はもっと、皆さんと一緒に未来をつくっていこうとしている人たちなのですよと、そこは伝えていきたい！と思っています（笑）。なかなか伝わらなくて難しいのが現状ですが。そこのところは引き続き時間がかかるものだと思っています。そこで皆さんのような若い世代の方々が人や状況に寄り添いながら、何か面白いことやクリエイティブなものをつくっていってもらえればと思います。もちろん僕らもそこはやっているつもりですし、継続していくことによって徐々に建築家への信頼感、社会的信頼というものが取り戻される、あるいは獲得されていくのだろうなというところに期待しています。そこはもう誠実にやるしかない。建築家というのは元々、誠実なお仕事なのです。状況を見て、クライアントの話をよく聞いた上で、その状況だからこそこういうことが考えられるのではないか、できるのではないかという発見やクリエイションを発揮して示していくという本質的な意味での誠実さを持っている職能です。いまだに一般の人からは、建築家は自分のエゴでつくっているのではないかと言われることがありますが、そういう方は誤解されている建築家像があるのだと思います。しかし建築家も世代が変わってきていますし、時代の移り変わりと共に変化していることを理解してくれている人も既に結構広がってきていますし、印象が変わるようにこの先ますます広げていけるように我々も仕事をしていきたいです。今日の皆さんのお話を聞いて、ここまで自由に、自分を含めた人の活動と共にある建築家、あるいは建築とそれを取り巻く活動に寄り添う当事者として関わっておられるのは本当に感動的ですらありますね。

倉方：さて、ここからは出展者の皆さんに自由にお話していただきましょうか。

藤本：皆さん、それほど構えなくて大丈夫ですよ（笑）。

倉方：ぜひご自身の説明をしてほしいです。改めて今の自分につながっているルーツや自分の今やっていることのスタンスなど、紹介をしていただけたらなと。守谷さんはいかがですか。

守谷：建築家がどうあるべきなのか、建築家とは一体何者かということに答えるのは結構悩ましいなと思っています。建築をつくるためには様々なプロセスがあり、例えば与件を整理したり、模型やイメージをつくってシミュレーションをしてみたり、もしくは弁護士のように法律を整理することもありますが、その中で何かそれ単体がスピンアウトして価値をもたらすようなこともあります。例えば僕たちの場合だと 3D ソフトウェアやゲームエンジンを使った動画やウェブサイトの作成など、それ単体を独立したサービスとして提供する事もあるのですが、同時に建築の持つ特殊性だと思うのですが、物理空間をつくりあげていく中で、建築でないとできないこともあると思っていて、そのあたり、古典的な建築観を取るのか、それとも建築というものをどんどん違った形にシフト

瀬尾憲司

渡辺瑞帆

していくのかというバランスがすごく難しい。シフトしていくというのはチャンスだと思うのと同時に、建築家の持っている専門性のようなものが失われるのではないのかなと、悩ましいところだと思っています。

倉方：その辺り、ガラージュはどう考えていますか。

瀬尾：僕が映像を始めた理由は、ル・コルビュジェの時代に写真が建築メディアとして使われるようになり、建築の伝わり方が一気に変わり、多分そのことが建築自体を変えてきたのではないかと思ったからです。昔も動画はありましたが、当時と違うこととして、今の時代は誰でも発信したり受信できる時代になったからこそ、違うメディアの選択肢を模索すれば新しい建築が見えてくるのではないかなと考え映像を始めました。ですので先ほどおっしゃっていた、建築をつくる専門性みたいな部分は、アトリエに行って独立してというプロセスの人と比べれば劣っている部分が個人的にはあると思うのですが、三人だとそれを補い合いながら進められる。僕にとって動画をつくるということは、単純に動画をつくるということではなく、建築にとっての新しさでもあって、それを通し、自分の身体を通して見えてくるのではないかなと。ですので、動画を撮っていても建築家だと思っています。

倉方：先ほども撮影を行っていましたが、やはり今は映像の時代ですし、映像は共感を呼ぶものだと実感しています。写真とは違いますね。映像はある種、言葉から一番離れていて、完全にコミュニケーションすることは不可能なのだけれど、共感を誘うツールとして映像があることで、場をつくっていくことができるようなものです。活動の場をつくっていくことは今の建築にとっても既存の建築にとっても重要なこと。自発的な活動の集積になっていくようなものをつくる際、19 世紀の言葉でも 20 世紀の写真でもなく、21 世紀の映像が有効だとはいえます。

藤本：ちなみに、映像という手段で建築が変わっていくという視点はとても面白いなと思っているのですが、今のところどう変わりそうだという予感は何かあるのですか？

瀬尾：それは日々考えていることで、共感とおっしゃっていたのと近いのかはわからないですが、僕は少なくとも映像は動きや変化を表すものだと思っています。いわゆる点で捉える建築ではなく、もっと時間幅を持った状態や物質の集まった状態、その変遷のプロセスも含めた空間の変容やあり方を建築として捉えていくことが、少なくとも物理的な世界の中では言えるだろうと考えています。しかしそれがまた共感性のようにもう少し内面的な話になると、もっと勉強が必要だなと思います。

藤本：AI が動画をつくりはじめたではないですか。あれは面白いなと思っていたので、今の話も聞いていて面白いと思いました。写真までは多分構成や構造、構築のようなものがまだそこにある状態であり、映像になるとそれよりも体験そのもののように感じる。AI が動画をつくっているのは、別にモデリングをしてフレームがあってというわけではない。そのまま絵として突然現れてくるわけなので、あれを見た時に構造や構成、概念などが今後どう扱われていくのだろうかと。まさに映像的に現れてくる情景のみが先行して表層し始めるということが起こるのかどうか。20世紀というのもまさに構築と構成の時代で、主構造の時代でした。我々の建築はまだ構造が必要なところで、それが揺らぐことが起こり始めるのか、それでもそこは揺らがないのかというようなところ、ある種の瀬戸際の時代になりそうですね。

倉方：アーキテクチャなきアーキテクチャはあり得るのかということですよね。

藤本：そうそう！そうです。その時にアーキテクチャなきアーキテクチャのアーキテクトが、いい意味で広がりを持ち始めている。ガラージュは構築、構成、構造の話もあるのだろうけれど、そこに収まらない広がりを持っていると思います。

倉方：だからこそ、その未来予想図を聞いてみたいなと思うのですが。

物井：同世代の人と話していて思うことは、クライアントワークというものに限界を感じているということです。経験が浅いため、出題力があるクライアントに出会えていないというのもあるかもしれないですが、仕事をもらってそれに答えるという形で建築をつくることに窮屈さを感じて、自分がクライアントになるしかないと考えている人が多いなと思います。私たちがカフェを始めるときは正直に言うとそこまでのことは考えていなくて、やる人がいなかったからという成り行きで始めたところがあります。ですが、実際にカフェを運営して、自分達が現場にいることによって、感じることがそのまま設計につながるというような、設計することが自然と行われるような新たな感覚を発見してそのような設計のあり方に可能性を感じるようになりました。しかし、自ら運営したりその後に関わるとなると、設計することのできる建築の用途や規模が限られてしまうということもあります。自分の手が届く範囲の小さな規模で、設計したものに自分がいてそこで感じたことがさらに設計につながるというサイクルが作られるような仕事の仕方というのがこれからもできると良いなと考えています。

倉方：そういったところは根市さんや石村さんも共感する部分なのでは？

根市：我々は意外と、藤本さんがおっしゃったいわゆる旧態型の建築家像に正直憧れている部分があります。実空間としての建築をすごく信じていますし、それをつくるためにはどうしたらいいのだろうというところが次の話になってきます。それは、実際に私たちが今お仕事をしている職人さんとの連携といった活動につながっていくと思うのですが、まずつくるための環境を整えていくことが必要で、難しい時代だからこそつくることを真剣に考えていかないといけないと思っています。今回展示する作品は、私たちにとっては自分たちの事務所でもあり、生活の延長線上で直接関わっているリアルなものですが、そうした試行錯誤の蓄積のようなものでもあります。

倉方：古典的な設計の職人ですね。

石村：はい。僕らにとっては職人さんが近い存在です。ここにはいらっしゃらない建築家の方の話ですが、例えばこの建築やデザインのせいで不具合がでたという話が出ることで、自分たちがつくるものについても本当にこの建築のデザインで良いのかということを考える機会になっています。先ほどの写真の話で面白いなと思ったのは、写真というのは建築のある何かを抽象化してしまい、人として大事な何かを無くしてしまっているようにみえてしまうときがある気がします。良い面の方が多いと思いますが、例えば建築の愛着までは表現するのは難しい。ここに集まった建築家はそれぞれ立場は違いますが、愛着を再び建築に取り戻そうとしてるのではないか、ただしそれは建築家というよりも、一人の人間として重要なものを取り戻すべき話で、それぞれがそれぞれのフィールドで何をやっているのだろうかというところをお聞きしたいです。

佐藤：皆さんの話を聞いていて、黒川紀章さんの事をふと思い出しました。学生時代に彼の逝去のニュースが流れた時の製図室のざわめきを今でも覚えています。当時、黒川さんは都知事選に出馬されており、その事が強烈な印象を僕に残しています。なぜ政治家なのか、その頃はピンときていなかったと思いますが、先ほどの永山さんや藤本さんの話を聞いているうちに、黒川さんの視座が何となく見えてきました。彼も出題側への絶望と希望を抱いていたのではないでしょうか。一括りに前の世代の建築家と見てしまうのはよくないですが、黒川さんみたいな方もいらっしゃいますし、僕の師匠の石山修武さんも建築の前後や背景をも建築的に捉えて活動されています。大昔なら重源なんかもそうですよね。アプローチは様々ですが、脈々と続きながら、都度訂正され続けている建築家像というのはあって、それは僕らの DNA の中にも確実に生きているのだろうなと思います。また、ジョルジョ・アガベンというイタリアの哲学者が、コロナ禍に「生存」の名の元、様々な権利、つまり自由が踏みにじられている事に警鐘を鳴らすべく様々な発言をしていました。世界のどんな情勢に対しても、虻のようにチクリと刺し、社会に気づきを与えるような、そういった役割というものも建築家には必要なのだろうなとも同時に考えていました。

加藤麻帆

物井由香

倉方：批評性はどの時代にも存在すると思うのですが、言語としての批評が 19 世紀、写真に写る表現としての批評が 20 世紀にそれぞれ顕著でした。ところで、行為としての批評性というものはいつの時代も共通していながらも、とりわけ 21 世紀的であると考えます。つまり加藤さん、物井さんのようにカフェを実際に運営していることが場を考えることの根源となっていたり、KASA なら、展覧会の表現自体が飛び火して、共感を呼び社会を変えてくきっかけになっていく。そういうことは従来の建築家にはあまりなかったと考えるのです。佐藤さんがおっしゃったようなそのちくりと刺すというところは、実際にはなんてことない行為の中に内在しているという現象ですよね。それは結構新しいのではないでしょうか。

10.18-28
倉方 俊輔 様

Aleksandra Kovaleva

佐藤敬

佐藤：先ほどのインタビュー撮影の時に、サシャ（コヴァレヴァ）が、建築家とは「庭師のようなものかも」というようなことを言っていて、僕もドキッとしました。全体を見渡しながら環境を整えていくような存在としての建築家像。それは面白いなと思いました。

コヴァレヴァ：建築家とは何かという問いには、一つの完全解答はないのだと思いますが、昔のいわゆる従来型の建築家は本当に空間をつくるのが上手いなと最近関心してばかりいます。例えば先日、桂離宮に行って来たのですが、単純にエレベーションのつくり方が上手だなと思った。それに引き換え、今の建築家、まぁ私たちですが、考えすぎなのかなと思いました。前世代の建築家は名建築をたくさん残されていますが、彼らは特に難しいことはしていない。一つのことに集中していたような気がするのです。例えばプロポーションだけはすごく上手に考えてつくるとか、凄くシンプルなことだけどそこからすごい建築が生まれている。そういったものを私たちは生み出せているのか。何か新しいものをつくらないと、示さないと、と思って考えを巡らせ過ぎてしまっているのではないかと。そこに問題があるのかもしれないと思うのです。先日、吉村順三さん設計の住宅を見に行ったのですが、高さの変化だけでうわっ！と感動的な空間があるんです。すごくシンプルな空間なのだけれど、低い場所と、その倍くらいの高い空間、たったそれだけであんな心地よさを生み出せるのはすごい。そういうことがなぜか私たちはできないではないですか！

会場：爆笑。

コヴァレヴァ：大体、コンセプトはこうだから、構成はこうあるべきで、ここの仕上げはこうでないと、など何かいろいろと難しい事を考え始めてしまう（笑）。

石村：そうですね。つくるまでの過程は面白いのだけれど、アウトプットがよくないということが多々あります。良い建築を知らないから、例えば僕は戦後建築家の話や先程名前にあがった吉村順三さんの話をするのだけど、同世代の建築家たちはポカンとしているときがあったりして、それに対して、マズイなと思うことがあります。

コヴァレヴァ：いろんなプロジェクトを見ていると、この違いさえ示すことができていればよかったのでは？と思うようなことがあります。たったこれだけなのですよ！というところ（笑）。もちろん私たちもいろいろ検討する中で、他のプロジェクトとの違いを出さないといけないと思うのだけれど、それは逆にいうと、何かシンプルに提示できることが一つあればいいのかなと思うのです。

石村：プロセスを重視しすぎて、良い建築をつくっていない可能性があると思うと、恥ずかしくなるときがありますよね。

コヴァレヴァ：あと昔の建築家は設計から出来上がるまでがすごく早いのに、私たちはすごく遅

いではないですか。それも今の課題であり問題かなと思う。

会場：笑。

コヴァレヴァ：今の建築家は考え過ぎで時間がかかるのでしょう？いや、私たちだけが遅いだけのかもしれないけれど（笑）。

倉方：すごい、一番の批評家ですね（笑）。

会場：爆笑。

山田：今、僕らはベトナムにいて、日本からの依頼があったりするのですが、とても難しいですよね、日本のプロジェクトというのは。スケジュールがベトナムと比較して倍以上取られます。ベトナムでは 1 か月半くらいで終わらせたりすることがほとんどですが、そういったスピード感はやはり社会的な要請であり、まさに資本が爆発している状態の国では、もう来月にはオープン

したいというプロジェクトばかりです。そういう要求に対して、自然とプロジェクトに関わる全員がそのスケジュールに向かって図面も書きすぎずに、とにかくスタートして、直しながらバタバタと進めていきます。運営しながら直していきますということになる。そういったどうしても難しく考えられない状況では、自然と物事がシンプルになっていくというところはもしかするとメリットでもあるのではないかなと思いますね。

コヴァレヴァ：私たちもこの間、ロシアのクライアントから日本スピードでは遅すぎる、もっとスピード感を持ってと釘を刺されました。

山田：いや、本当に日本のスケジュール感を伝えると、ベトナムの方に結構びっくりされるのですよ、え！来週までに何も出てこないの？と。日本には全ての技術が集まっていると思いますし、出来ないことは多分あまり無いと思っているのですが、何でもできるからこそ、選択肢が多すぎる。先ほどの話にも出ていたように、クライアントさんが選択できることが多すぎて、出題がふわりとしたものになるということが起きているのではないかなと思います。僕らも事務所として、最初はホステルを運営したり、自分たちでリノベーションをしてそれを貸し出すなどの不動産事業をやっていたのですが、全部コロナでつぶれてしまった。そんなことを経験して、自分たちが自分たちのクライアントになるということはとても大事だなと感じました。永山さんがおっしゃっていたクライアントの出題力を求めるのであれば、自分たち自身も出題力をあげないと相手の出題力をジャッジできないのではないかなと。事業や運営など、もう一つ上流のことをやらないとその力は鍛えられないのではないかなと。建築家としてやっていくのであれば、出題する側になってみるということも、すごく大事なのではないかなと思います。

渡辺：やればやるほどスピードが落ちていく感覚は私にもあって、ちゃんとやろうとするとどんどん時間がかかっていく。必要なことがたくさんあり、それこそ選択肢が多いからかもしれないですけれど、とにかく意見の合意形成の仕方からデザインしなければいけないと。プロジェクトに関わる人を集めて、同じ方向を向いて合意してというプロセスを踏まないと建築に進めないというところに陥っている感覚です。シンプルに空間を社会に対して一手として打てたらいいのですが、その前に取り組まなければいけない無数の問題がある状況だと日々感じています。もともとクライアントがやっていた領域を理解して自分たちもアプローチしていかないといけない立場になってきているなと思います。

守谷僚泰

池田美月

倉方：井上さんはどう思いますか、今のお話について。

井上：これまでの議論、大変考えさせられました。私は、世代で区切って考えることがなんとなく寂しいです。例えば、モダニズムとされている建築家の作品を見にいくと設備やインテリアやグラフィックなど、様々なスケールで設計がされていることがわかります。私はわかりやすい説明を行うために切り捨てられた部分に多くの発見があると考えています。また、技術に関して、私は高解像度であることに興味があります。高解像度であることで、例えば、いままで目の届かなかった、装飾やディティールも含めた建築の見方が可能になってくると考えています。そして、先ほど述べたように過去の建築の読み取り方が変化し、今の設計も違ったものになることを大変楽しみにしています。また、設計のスピードに関して、私は設計が遅いことがとてもいいことだと思っています。建築を設計することは、どうしても時間がかかってしまいます。しかし、そのことで物事を時間をもって見て、考えることができます。今、SNS などを見ていると、常に回答を迫られてるような感覚があります。何かに反対か賛成かとか、どちらが善くて悪いのかみたいな。その回答ができない状態っていうのも大事かな、と思ったりするんですけど。その中で、ゆっくりとしたスピードで考えることができる建築は大変貴重な場所だと思っています。もちろんクライアントには、国内でも三日後にパースを出せとかよく言われたりするのですけど（笑）。

会場：（笑）

井上：ですが、そのような状況の中でいかにスピードの遅い設計ができる環境をつくれるか、を考えていく必要があると思っています。

永山：映像で捉えられることというのは、何か建築が現象的になっているからなのかなと感じます。現象的というのはやはり物質に頼らない、何かが起こることを建築家が予測して、それに向けて仕組みなのか、あるいは建築を作ることなのか、いろいろな方法で状況を作り出していく提案力を持つことが建築なのかなと一周して思いました。未来を予測するということが求められているんですよね。その未来像に向けて何を準備していくのかというのは多分個々のプロジェクトによっても違うと思うのですが、それを丁寧にやることをきちっと仕事として認めてもらうのはすごく大事だと思いますし、それを仕事として認めてもらってやっと建築家という職業が正しく認識され始め、プロとして相手がそういうことを求めてくれる幸せな光景ができるのかなと思いますね。そういうお互いに何を求めているのか、求められているのかというのを少しはっきりさせていかないと、本当はもっと活躍できる場があると思うのですが、建築家の立場は社会でそこが伝わりきれていなくて、優秀な人たちが力を発揮できる場が与えられていないのではないか、と勿体なく思いますし、同時に時々悔しさも感じることがあります。ですので、こういう場で発表する皆さんが、これから自分たちが社会の中でどのように認識されるのか、自分たちが持っているスキルがこれからの社会にとってどのようなプラスになるのかということをもっと意識的に捉えた方がいいと思いますし、それを社会にも発信して認めてもらい仕事を得て成果を出す。世の中にある成果が実はここから生まれていたのだなということを認識してもらわなければいけな

いと思います。そうでないと結構ボランティア状態で企画アイデアだけ持っていかれて、苦しみながらこれだけの素晴らしい仕事をするというのも何かおかしいのではないかなと思うこともあります。あとは、継続していくことが大事だと思います。ある一瞬はボランティアもいいかもしれないけれど、それを長い間職業としてやっていくにあたって、自分たちのところに来てくれるスタッフにもきちんと対価を払わないといけないし、そういった健全な循環を伝えていかなくてはいけない、それが少しないがしろになっていないかということも考えないといけない。できることを自分で言語化して認めてもらうようにする努力をしなければいけないと思いますね。

倉方：伝統的に日本の建築家は一プレイヤーとして頑張り続けようというエネルギーが溢れている人が多いですよね。ただ批判するわけではないのですが、もう少し社会を良くしていくことに目を向けて欲しいという意見もあります。高齢になってきているという自覚が日本の建築家には本当になくて（笑）、そこが素晴らしいことでもあるのですが、いつまでも若い頃の感覚、古き良き時代の感覚のままの日本の建築家にももちろん素晴らしさがあるのですけれど、ただあまりにその影響が今の状況を生み出しているということに、ようやく少し気がついた世代の藤本さんや永山さんが、10 年前とは違う発言の仕方をしているというのも、日本の建築家の新しいあり方なのかなという感じがします。

藤本：そうですね、当事者性というのでしょうか。それぞれがそれぞれをかけがえのない当事者であると認識している感覚が皆さんの活動の大切なベースになっているのだろうなと思います。それはクライアントでもあり建築家でもありという両方に当事者がいる状況でも、クライアントではなく建築家ですよという場合でもそれに対して当事者性をきちんと持って向き合っているのかが肝になってくると思うのです。この感覚というのが僕はもっと日本全国全てに対して、大きいからいい、小さいからダメだという訳ではなく小さい状況でもそのかけがえのない当事者がそこに向き合っているという状況が素晴らしいわけです。ところが当事者でもない、当事者になる気もない、なりたくもないくせに首を突っ込んでくる人も多いではないですか（笑）。

倉方：今の時代は特にそうなんですよね（笑）。

藤本：あれはよくないです。首を突っ込むなら、仕事だけではなくて趣味でもいいですから何かの当事者になるという意識があってもらいたいのです。もちろん当事者になり得ない場面もあるでしょうが、その物事の当事者になれるのなら、そこに全力で向き合っていくべきだと思います。

そうすることで各々の生きがいとか何かを見出して、そこに全力で価値を生み出そうと努力することには意味があると思います。建築は、少し引いて客観視して何かを投げかけたりすることがあるではないですか。あれも結構際どくて、本当は自分が当事者としてそこを生きていないといけないのに、なぜか少し斜め上くらいの位置から語ることがある。

山田貴仁

倉方：永遠に若い頃のままだと思っている建築家はみなそうかもしれません

藤本：世界を語るにしても、社会を語るにしても一当事者として、そこを生きている身として語るから、「俺は全てを客観視しているぜ！」というように聞こえて、実際はできていないということが判明した場面で誤解されることになります。今後はリアリティみたいなものが問われるようになるでしょうし、だからこそ先ほどの大きな規模ではできないというような話も、それでいいのかもしれないと思うのです。それは、現在のその人にとっての適切な当事者性の規模感というものがあって、別に大きいものが悪いわけでも小さいものが悪いわけでもない。もちろん大きいものが偉いわけでもありません。ただどの当事者性も、とても尊いということ。小さなことを数人で一生懸命に状況共有をしながらつくったものも、大勢のためにつくったものと同じくらい価値があるということが、文化として社会の中で共有されてほしいなと思うのです。そうでないともったいないではないですか。それぞれの素晴らしい当事者性が輝く瞬間をつくっているのですから。今日の話を聞いていると、ナチュラルにリアルにできている人たちがたくさん来ていることにすごく希望が持てます。

犬童伸浩

倉方：当事者性のある人が持つ行為に対しての批評性というのは、みんなが一貫して信じています。それが残念ながら今の世の中では、非当事者の言説が強くて、それは結局のところ現状追認に終わります。何でも口を出してかっこいいことを言っている気分になっている人たちは、結果

永山祐子

として現状を一つも変えられていない、言語による批評が有効に機能した時代が 20 世紀にはあったかもしれません。しかし、現在は異なるフェーズになっているのではないでしょうか。行為が持つ批評性が 21 世紀の批評性であるべきだと思います。計画から施工のことまで一緒に考えていくというように行為の幅が広がっているというのは、上の世代と明らかに異なるところだと思います。まだ発言されていない方にもぜひ、これを受けて自らのスタンスをお話いただければと思います。

犬童:「建築家とは」という議題を考えたときに、当事者性というのはまさにそうだと思いました。僕たちは地理的条件と時間的条件が日本とは違うところでやっているわけですが、日本の教育を受けて日本の思想の延長線上で設計をしていながら、やはり社会的に求められる建築像というのはベトナムと日本では結構違うことを感じています。例えば日本では社会と建築家の間に距離が出来てしまっているというお話でしたが、どちらかというとベトナムでは信頼されていると感じていて、割とデザイナーへの理解があるのです。一方で、僕たちが今回出す出展作は設計期間が約 2 ヶ月だったのですが、その前後で考えたことも含めてプロジェクトに取り組むことを意識しています。単発の建築のタイムラインで一つ一つを考えていると、何かを達成することが難しい

藤本壮介

社会とも言えるかもしれません。

倉方：anettai のお二人の話を聞いていて興味深いのは、作家性ではないことをやっているというところ。そういえば最近、作家性という言葉を聞かないですよね。ひと昔前には、今までの作家性ではない非作家性の時代だ、といった議論がありましたが、近ごろはそういうことも聞かなくなりました。ベトナムはフランス領でしたから、建築家も日本のイギリス流とは異なって、芸術家としての感覚があります。作家という感覚で見てもらえる環境だから、日本だと忘れかけてしまう大事な問題に出会えているのかもしれません。それが一周遅いようで一周早いようで（笑）、違う地域にいることの地理的ズレや時間的ズレが今、大事な問題を提起しているように思います。

山田：ありがとうございます。ちなみに一周遅れと言われた時に、僕らは一周目を走っているつもりだったのでびっくりしました。あ！一周遅れていたのかと（笑）。

倉方：そうですね、前にやっていたことでしたね。

山田：それは意識していませんでした。

池田：今の作家性の話や、藤本さんがおっしゃった大きいものを建てなくてもいいのではないかということ、また当事者として関わることや新しいメディアのような動画が今の時代の言語になっているのではないかという話を総合的に考えてみると、私は結構デジタル空間における建築というものがフィジカルにおける建築と何か等価に扱われてもいいのではないかなと思っていたりするのです。例えば実際に何かを建てないといけないとなると、いろんな社会性を帯びてくるけれど、それがそうではなくてデジタル空間です、物理空間よりコスパがいいです、というようになった時には、自分の作家性を純粋に表現できたりするのかもしれないですし、実際につくるわけではないからこそ、自分の考えている事を純粋に表現できて、当事者として関わる事が可能なのかもしれないなと思います。ですが、デジタルで完結すればいいという話でもないような気がしていて、やはり建築はフィジカルな部分で制限があるからこそ、その条件下において面白いものができるという部分は失くしてはいけないとは思っています。そこを行き来するということが、これからの時代は結構重要になってくるのではないかなと思います。

守谷：僕たちはむしろ、その作家性というのをガンガン強く押し出したいとすら思っています。社会の価値をつくるときに、僕たちはこう思っていますというのを、自重しなくていいのではないかと。多様な意見にあふれて社会で突出するということがむしろ難しい時代だからこそ、どのように新しい主張の仕方が考えられるのかということを僕たちは考え続けたいなと思っています。

倉方：では最後に永山さん、今回の出展者 7 組の方々に向けた、励ましの言葉で締めていただきたいと思います。

永山：今「建築家とは」というお題に対してだけでもこれだけいろいろな話が出てきたではないですか。ですので展示に関しても、これが答えというようなものも多分ないと思うのです。ここから 10 月の設営の時期まで、自分たちがいつも考えていることはいったい何だろうかと俯瞰してみたり近寄ってみたりしながら、再度考えるチャンスでもあると思います。決して、過去に考えていたことはこうでしたと模型やパースを並べるだけの展示ではなくて、やはりもう少し未来型の思考で、私たちはこうなりたいという意思表示が展示そのものになっていくといいのかなと思います。そういう意味で、完成度というよりもその先の未来へのジャンプ力みたいなものをどう見せてくれるのかに期待しています。せっかくこの場で表現する機会を得たわけですから、U-35

でどのようなチャレンジをするかを考えて欲しいです。そういうところで今日のエスキースで出た話も、別にどれが明確な答えかというのはないですし、もっとよく表現するにはどうするのかを皆さんで、このチャンスと期間を使って存分に考えてもらえたらいいなと思っています。そして、来場者に訴求できる表現になったのか、またそれに共感を得ることでその先の未来にバトンタッチすることができるといいですよね。これから先、どんどん見えない社会の中で自分が信じるものを見つけるというのはすごく大変なことだと思うのですが、先ほども言ったように、いろんな場面で当事者として渦中にいると、これを本当につくるかつくらないかみたいな時の最後の砦のような、自分を信じるか信じないかというような瀬戸際に立つことがあるのですよね。これを押し通したら大変だけれど、でも押し通さなければいけない、というような使命として突き動かされるということに出会うことがあると思います。そこで自分の中に何か信じられるものがないといけないのではないかなと。私が諦めたらもうこれ終わりですみたいな瀬戸際に、そこを諦めないのが建築家のお仕事なのだろうなと思っています。最後の信念の核みたいものに、私自身もいつも自問自答しているのです。一生そういうことを考える役割なのだとも思っています。やはり建築家は、諦めたら絶対建たないです。実現性のパーセンテージ 5%くらいのところまで近づいてもそれを 100%に戻さなければいけないというようなことが結構な割合でやってきて、ぐいっと針を実現側に戻す力、その時の原動力を見つけるというのが大事なのではないかなといつも思っています。頑張りましょう！

倉方：はい、頑張りましょう！みなさん今日はありがとうございました。

会場：拍手。

2024 年 4 月 5 日

本展・展覧会会場（大阪駅・中央北口前　うめきたシップホール）にて

OSAKA STATION

出展者説明会の様子

線を引いては、他人事

小学生の頃から受動的に知識を入れられるような授業が苦手だった。定められた時間割に教科書を開きながら机に向かい、黒板に書かれた要点という文字をノートへ丁寧に写していく。その背景がわからないまま、ただ手を動かしているだけの授業に何の意味があるのだろうか、これからの人生の何に繋がっていくのだろうかと疑問視する反面、受験という中等教育の終点を越えるためには仕方のない試練のように思うことしかできなかった。教科書に掲載されている写真も、自分の見たい角度から見れる訳でもなく、知見者である学者や研究者の目線で見ることとなる。感情のない紙面と見つめ合う時間。フィクションという言葉で急に引き離される感覚と同じく、教科書というものに境界線を引いては「別世界」だと認識する他なかった。いや、そう思うことが一番楽だった。

ドラマや映画のエンディングに「この物語はフィクションです」という文字が画面に現れるのを見るたび、自分には関係のない、知らない世界で起こっている物語のように感じてしまう。見ている間は主人公に自分を重ねながら共感したり、反発したりして楽しんでいるのに、物語の最後に急に引き離されるような感覚を覚え、非常に寂しく、空しく感じてしまう。よく小中高生が「なぜこの勉強が必要なの？」「これは将来いつ役に立つのだろう？」と口にしているのを見かける。私たちの歩いている線と教科書の中の話は、違う線で交わることがないまま、ただ、ただ、平行に進んでいく。だからこそ私は大学生になることに憧れを持っていた。自らいくばくかのお金を稼ぎ、自由に旅をして自分視点のリアルな体験を通じ、背景にある社会が徐々に見えてくるのだろう、やっと社会を実際に学ぶことができる、そう期待していた。しかし現実はどうだろうか。勉強が専門的になり過ぎて、また道具のような知識をひたすら覚え増やしていく。結局、受動的な作業のままのように感じているのである。

人は言葉にすることで意識の中に勝手な境界線を描き、元々の環境の背景から切り取った状態で記憶してしまう。自分のよく知るテリトリーを超えてしまえば関係のないこと、他人事だと認識してしまいがちになるが、様々な物事に対し、自分事として繋がりがあるものと捉えられる人は、考え方や情報をスポンジのように吸収し世界を大きく広げられる存在のように思う。本展では出展者が思い思いに作品について説明し、他の建築家たちはそれに多くの疑問を投げかけるのだが、質問するということは非常に難しいと感じる。それは自分は経験したことがないことだから、そういう考え方もあるのかと「受け入れる」ことで終わってしまうからだ。「受け入れる」と聞くと聞こえはいいのだが、ただボールが自分の前に転がってきたのを拾っただけなのと同じ。受け取ってどうアクションを起こすかが本当の会話や議論するということであり、未来につながる本質の部分であると感じさせられる。互いが影響し合いながら深く考えを巡らせ、また誰かに問いかけていく。解決の線がどんなに細いとしても、心に秘めたものを出して話し合える場が存在することで、少しずつ線が帯へと変化していく。「私には関係ない」と思うのではない、「私はこう思っている」と伝えるだけでもない。これから先の未来に向け、共有して関係を築いていくための問いかけとなるこの場を、たくさんの人に体験してもらいたい。そして投げかけられた問いを持ち帰り、それを誰かに繋いでいけるように、自分事として捉える力を私は手にしたい。そして回答を待つだけの受動的な学びを卒業し、私自身も問いかけていきたい、繋がっていくために。

石村大輔＋根市拓

　足立区千住を拠点に活動する石村と根市は、職人が持つ経験や技術から生まれるデザインや構法に関心を持ち、共に進めることを大切にする。ローカルに根付く二人は深いコミュニケーションを求め、建築家という姿を軸に日常生活や環境へもアクションを起こし続けているのだが、建築家という立ち位置に対しても常に疑問を持っているように感じる。彼らの目指す、人との対話から生み出していく新たな建築家の姿、未来への意気込みを展覧会ではぶつけ、そして受け取り手と熱く語らって欲しい。

井上岳

　GROUP を共同主催する井上は、多分野の専門家と共に協働しながらプロジェクトに挑む。なぜ？を素直に探り本質を見抜くリサーチ力を武器に、多角的視点で課題へアプローチする彼は、知るだけではなく、吸収したことを活かし自分の領域ではない場所まで自分の居場所にするための仕掛け『手入れ』を掘り下げる。展覧会で見せる他の出展者との掛け合いにも『手入れ』のヒントが隠されているのでないかと注目している。

小田切駿＋瀬尾憲司＋渡辺瑞帆

　昨年に続く出展となった小田切、瀬尾、渡辺の三人がそれぞれの異なる強みを持ち結成されたガラージュ。建築とは何かを言葉で定義するのではなく、活動する姿が彼ららしさや彼らの建築を表し、映像や演劇という動きのある表現で建築に落とし込み、変化を楽しむ方法を探る。単に見えることを認識するのではなく、目で感じ、目で聞き、目で感動する。彼らの全身に染み渡るような表現で心を揺さぶられることを楽しみにしている。

加藤麻帆＋物井由香

横浜国立大学の同級生二人で設立した加藤物井。カフェを運営しつつ建築家としての顔をもつ彼女らは、人と人との繋がりを重視し、建築を媒体として新たな何かを生み出せないかと考え続ける。また、モノとモノの間にあるものに目を向け、使う人やモノ自体がそれぞれの捉え方で、過ごす時間の中にひっそりと存在していることを見逃さず、ストーリーを作りながら見て、気づき、生み出す。その秘めた情熱で会場をあたたかく包み込んで欲しい。

Aleksandra Kovaleva＋佐藤敬

三度目の出展となる KASA を主宰する佐藤とコヴァレヴァ。展覧会のあり方を深掘りし、会場全体を巻き込み挑戦を続けては動かしていく姿に幾度もワクワクさせられている。空間の持つ魅力を探究し、実体験として伝えようとする彼らの表現力と訴えかける力強さで本年の展覧会をどのように彩っていくのか。展覧会会場だけではなく、場を最大限に活かす手法を過程とともに語り、問いかけ続けてくれるのではないだろうか。

守谷僚泰＋池田美月

周辺地域に新たな象徴性を与える方法を模索する守谷と池田が共同主催する OBJECTAL ARCHITECTS の出展作品『S HOUSE』。一つ一つの部屋に片流れ屋根をのせ、伝統的な勾配屋根を保存するだけではなく、パズルのような複雑な構成を施すことであらゆる方向に様々な表情をもたらす。その表情は風景に溶け込み、繋がりが表現されている。本展では彼らが繋がりをどのように解釈し、コラージュしていくのか、風景の切り取り方から魅力を語り尽くしてほしい。

山田貴仁＋犬童伸浩

ベトナム・ホーチミンを拠点とする studio anettai は建築設計事務所であり、3D パーススタジオでもある。彼らの強みはベトナムから見た日本を可視化することにあるのではないだろうか。図面やイメージだけではなく、その場所や人の思いを含めて描いていく。一つ一つの線に責任を持ち、夢を描く彼らには展覧会の境界線を超えるような力強い表現と繊細さの両面を期待する。

あとがき

学部 1 年 18 歳の時に、本展を主催する AAF の、聖地を巡る主幹事業「建築学生ワークショップ」に参加したのだが、学んだことが目の前で次々と紡がれていく体験をした。リアルに触れてみることで今までフィクションだと思い込んでいた座学の知識が、自分の中でどんどんノンフィクションに変わっていくような感覚を味わった。その時にようやく境界線が薄れ、自分の世界にも「建築」が入り込んできてくれたんだ、と切実に感じ、他人事だと思っていたことを、自分事として捉える経験ができたのだ。そこから立場を逆転させ、参加する学生の表情や言葉から紡ぎ出されていく景色を客観視したいと思うようになり、参加学生ではなく運営学生として参加するようになった。主人公となって体験することでは味わえないような「間接的擬似体験」から学びを得ることができることに気づいたのだ。

本展の開催に初めて訪れた時、私には出展者が話す内容があまりわからなかった。今考えてみると当時の私は、相手の世界に入り込むための隙間さえも見つけようとせず、自らが境界線を引いては他人事として聞いていたのだろう。今まで線の上を踏み外さないよう上手に歩くことだけに集中し、その道を振り返ることがなかった。周りにたくさんの人が歩んできた線が存在し、飛び越えれば届く場所にあるはずなのに、気づかない、もしくは気づかれないようにしていた。だから比べられることや評価されることに恐怖心を抱いたのだろう。自分以外を知ろうとしない、全部が主観で固められた世界に閉じこもっていたのだから。AAF との出会いと経験は、そんな私に知らない世界も自分事として置き換え、他者が歩いてきた線の上をも歩いてみたいなと思わせてくれた。

この場に晴れて集まった出展者は、言葉巧みに私たち建築学生をはじめとする多くの人に、「ようこそ！」と言わんばかりに一緒に歩いてみようと誘い込む。出展者の物語を実体験することは自分事として考えるきっかけをつくり「あなたならどう考える？」と問いかけられているようで、自然にもっと深く知りたいと思わせてくれる。本展は回答が示されたり、答え合わせをする場ではない。私たちへの問いかけそのものなのである。他者がどう解釈しその線を歩んできて、これからどう進もうと動き出すのか。境界線を解いて自分事として考えていく歩き方を知って、同じ建築を学ぶ者との繋がりが出来ていく。私はこの展覧会がそのために存在するのだと、そう信じている。

奥西真夢（東京理科大学大学院 修士 2 年）

essay | AAF

自分を知るために

二十年も生きてきたのに初めて「この考えは合っているのか？」「この行動は正解なのか？」等と自問自答するきっかけを、この出展者たちの座談会を通じて、また、日々の AAF での活動を通じて、考える機会を得た。自分の意思をしっかり持ってこなかったことが理由だろう。これまで知り合った周りの大人たちは物事を否定的に捉える人が多く、何をやってもその大人個人の経験則から、あたかもそれが決定しているかのように、簡単に無責任に言い放たれているように受け止めてきた。何かに取り組もうとする際にも、パーソナリティや時代、周辺の状況も違うのに、一般的な結果だけを予想され、ダメだ、ダメだ…とばかり。若者に否定的な言葉を言い放つことで、その人自身の保身につながると考えるのか、もしくは何か無意味に安心感を得たいのだろうか。いつしか、周辺環境への反抗のような思いを持ち始めた 2 年生の初め、同じ大学の同級生 4 人で参加したことがきっかけで、AAF のあらゆる活動の場が、意欲を示せば推してくれる先輩たちがいる大切な居場所となっている。

本展に出展される方たちは、他者の考え方と対峙し自分の主張を堂々と述べている。それは決して年齢差や経験値にものを言わせて言い放つのではない。個人の考えに基づく自己確認のバトルのように、人に向かうのではなく、まっすぐ物事に向かう議論を展開する。それは他者を決して否定するものではない。各々が相手を認め合い受け入れた上で「あなたはどう思う？」「僕はこう思う！」という主張を繰り返す。この AAF の活動を通じて出会う多くの人たちは、自分自身の言葉を個性だと言わんばかりの主張としてはっきり発言されており、見ている側にも彼らが切実に社会へ向かい、良くしようとする想いと情熱が伝わってくる。自分の見られ方を気にしているわけではなく、物事にまっすぐ向けられた視野と、現実のリアリティが存在するため、とても面白い。U-35 を体験することで、各々の思いがぶつかり表現する空間を共有することができる。それらの結晶のような本展は、展覧会そのものが 1 つの芸術作品といえるのかもしれない。僕の大好きな場所、U-35 だ。

石村大輔＋根市拓

都市型コンポストの実践や都市生活をより良くするための活動を行いながら、日常生活の中でできる環境へのアプローチを行っている。難しい題材の一つだと思うが、本展では新しい視点から環境に対する接し方を提案してほしい。

井上岳

速さを示す言葉のうち、そよ風のような、雲のような、ゆったり、といった遅いスピードに興味を持ち、物事を見渡すことができる意識で建築の新しい価値を示している。そのぎりぎりを責めたような作品に興味が湧く。

小田切駿＋瀬尾憲司＋渡辺瑞帆

建築、映像、演劇という 3 つの分野での切り口を見せるこの 3 人は昨年、模型や図面とともに映像の上映、パフィーマンスというこれまでのU-35にはなかった表現方法を用いた。本年の展示では、皆が『そこか』と言わんばかりの表現方法に期待している。建築の新たな視点を見せてほしい。

加藤麻帆＋物井由香

katomoni を主宰する二人の過去の作品の中に、建築と家具との間に関わり合いを持たせた家具があり、他にも部屋と部屋、部屋と外という結びつけを意識されていることを感じた。本展では、他の出展者や建築家との関わり合いの中で、誰もが思いつくことのない結びを表現してほしい。

佐藤敬＋Aleksandra Kovaleva

KASA を主宰する 2 人は、建築ができるまでの過程に着眼し、時間軸をもった 4 次元的、多角的な視野での展示に挑戦する。最多出展 3 度目の U-35 の挑戦から、建築展の在り方を示してほしい。

守谷僚泰＋池田美月

造語 “OBJECTAL” を掲げるユニット名で活動する 2 人は、360° カメラを用いた設計手法で形態化のプロセスを探る。包丁で切ったり、曲がってしまっている建物。これら 360° カメラで見る世界をタイポロジーとして捉えているのかもしれない。今回の展示で何が生まれるのかが楽しみだ。

山田貴仁＋犬童伸浩

ベトナムで活動する 2 人は、建築の改修手法から文化を残しつつ、新たな形式で活かすという。今回の展示では、新たに活かされる建築の姿を再現して見せてほしいと願う。

あとがき

他人の為に行動するということはどのようなことだろうと、AAF の活動に参加するようになって、よく考えるようになった。大学生になり飲食店のアルバイトを 2 年続けてきたが、特に深く考えたことはなく、単にお金を稼ぐ為に行動していただけであった。そんな中、AAF の活動を続けるにあたって、他人の為に行動することの意味を見出せない時期があったことを思い出す。友人に「稼ぐこともできないのにその活動を継続する意味は何なのか？」と問われても説明できない自分がいた。1 日アルバイトをすれば 1 万円稼ぐことができる。それなのに、この活動に参加しても自分にとっては何の利益もなく時間の無駄なんじゃないか、自分がやらなくても、自分が積極的にならなくても誰かがやればいいのではないか、とぐるぐる考え、物事を否定的に捉えてしまう自分がいた。そんな自分がなぜか予定を空け、毎月活動に参加し続けた。それはおそらく自分の思考の癖に対して違和感があり、変えていきたいという意識があったのだと思う。何かこれまでの周りの環境で影響され形成されてきた思考性では考えられなかった世界が、こんなに身近にあるのかという驚きと、自分の求めていたものへの直感が働いたとしか思えない。小学 6 年生の頃にはこの否定的な思考性が形成され、そういう物言いをするようになったことを自覚しており、良くないことがわかっていながらそこから抜け出すのは本当に難しいと考えていたからだと思う。その方が楽な生き方だと思っていたからだ。しかし、その 12 歳からの 8 年間の思考の癖を自力でひっくり返すのはとても難しいと思っていた時に、AAF の活動に関わる人たちに触れ、意識が変わる機会を得た。全てを自分事として捉えるという、今までの自分になかった考え方をただただ信じれば良いのだと思えた。他人の為に、などという偉そうな考え方ではなく、自分の成長のために一度、本気で取り組んでみよう、月に数回、貴重な大学生の期間にこの経験をすることで、自分にどういう影響を及ぼすのかを試してみようという場所に思えた。大学生活は残り 2 年、約 7 ～ 80 回ほどしかない。その 1 回 1 回を本気で取り組んでいれば、この活動の意味を掴むことができるのではないかと思う。社会に出るまでのたった 2 年間で自分の知らなかった体験ができるのだ。誰に何を言われようと、正々堂々とやってやろうじゃないかと思うようになった。

社会に奉仕することとは？とインターネットで検索した。個人的な利害を考えないで社会への利益や幸福をはかることだそうだ。これまでの人生、自分の為に自分の為にと行動してきた。これは「自分勝手」に目先の欲に駆られていただけだと思える。履き違えている。本当の意味で自分の為になることというのは、全てにおいて自分の選択で、自分の責任で行動することであり、自分事として捉えることなのだ。他人の目や言葉を気にしたり、他人の為になどとわざわざ口走ることなく実直に行動することで、自分を含む社会に繋がることができるのだろう。人の心を動かす AAF という団体の凄さに驚愕すると同時に、社会に影響を与える活動を継続して続けていくことが、貢献することになるのだろうと今は思える。謙虚さを持ち、その一員として確かな足跡を残したい。

酒井謙吾（摂南大学 3 年）

essay | AAF

濃密な思考性

もちろん私は、日常の AAF での活動や特別な建築空間を体感し、自身の思考に大きな影響を受けたひとりだ。学部 3 年の夏、ある濃密な思考に出会う機会があった。それは、藤井厚二の『聴竹居』で感じた興味深い空間体験である。聴竹居は、1928 年に和洋統合した環境共生住宅の原点として知られる。夏の暑さの中、山道を登り、玄関から居室に入るとそこには涼しい空間が広がっていた。住宅内を観察すると、腰式と座式の目線を合わせるため 30 センチ高く設定された畳間の下には、屋外の川から風を取り入れるためのクールチューブが地中に埋め込まれており、部屋の中には地中を通り冷やされた緩やかで心地いい風が流れていたのであった。その風は、部屋の天井に取り付けられている開閉式の排気口から屋根の妻面にある通風口へと風の流れを生む。よって、夏は屋根裏で暖められた風を逃がし、冬は閉じることで空気層を作り、室内の温度を調整することができる仕組みになっていた。縁側の軒が 1.1 メートルあることで雨や直射日光を防ぐ。周辺には落葉樹が植えられ、夏の日射の遮光として、環境との調和を生み出していた。そこには環境共生を中心に、繊細なディテールが詰め込まれた小さな住宅が存在していた。開口を 1 つ設けるにも、その大きさや形状に必ず外部との強い関わりを持つ明確な理由が存在する。戦後、大規模な民間住宅供給専業企業が生まれ住宅販売を行い、住宅は商品として扱われるようになった。つまり空調で均一に保たれた空間で過ごし、大量に工業化された住宅が並ぶ風景が日常となっていたためか、この住宅との出会いに心が躍り、とても魅力的に感じた。建築と環境が一体として考えられていることに心の底から感動し、綿密に思考された美しいデザインに心奪われ、環境と共にある建築に関心を持ち始めた。

またその頃、違う視点から環境共生を考える建築に出会った。それは、U35 2022 にて伊東豊雄賞を受賞された、アレクサンドラ・コヴァレヴァ＋佐藤敬が改修を行ったヴェネチアビエンナーレ会場・ジャルディーニのロシア館である。このロシア館は、その土地に新たにつくり上げるのではなく、現存するものを環境に広げた建築であった。1914 年、アレクセイ・シューセフによってヴェネチアにロシア館が建てられ、約一世紀の歴史を過ごし、様々な情勢の影響を受け、増築や改修が繰り返されたことにより、混沌とした空間が存在していた。そんな建築を彼らは " つくろう " という思想で、確実に生まれ変わらせた。スケール感の差や素材のテクスチャの選択、高さや低さ、開口による光量の変化という微細な差をデザインし、保存と復元が調和した空間が表現されていた。ロシア館の歴史を尊重し、スクラップアンドビルドでは感じられない魅力を放っていた。建築を学ぶ者として、新築を建てることだけが本当の新しさではないことに気づかされ、大きな学びを得た。ヴェネチアの地では、人種問わず利用される人々が環境を纏いリペアされた建築を体感し、その場と共にロシア館に対し

親しみを感じさせることができるのだろう。複雑な時代を経験した建築だからこそ、様々な価値観を引き受けて改修し、周囲の要素を取り込むことで街と建築と人を緩やかに繋ぐことが出来る。これこそがこれから先も建築が存在し続ける大きな理由となるのだろう。環境を取り込む建築はその風土への愛着を育むということを展示から読み取れた。ヴェネチアの風土やロシア館の歴史が生み出す、その場ならではの空間に対して想像力を掻き立てられ、今すぐ体感してみたいと切実に願いが生まれると同時に、合理性だけでは表現しきれない魅力をこの展示から感じることができた。

私たちが生まれる前、日本のバブル経済は崩壊し、工業化された建築や産業へのしわ寄せが問題視されていた。当たり前のように環境問題やエコロジー的な言葉を耳にし、ペットボトルや卵パックをリサイクルボックスに入れたり、使用済みの紙類を再利用したりする、そんな行為が日常の中に自然と組み込まれていた。このエコネイティブ世代の私たちにとって、工業化されたコンクリートや鉄といった材料の循環を考えず、風土を選ばない建築は魅力的に映らない。人間が新しい技術開発や経済成長に対し高揚する気分でいることは、時に、失敗を引き起こすことを既に歴史から学んでいる。これまでの時代を反省し、無機質で害となる建築ではなく、むしろ建つことで環境を改善する建築を提案し、そして、その新しい技術を生み出したその先に何が生じるのかを考えなければならない。聴竹居やロシア館の幾千もの思考の積み重ねにより、高次元な思考に至っていることに気づかされ、これからの建築を考えるきっかけを与えてもらえた。

石村大輔＋根市拓

日光街道の宿場町としての歴史を持ち、今でも古き良き地域コミュニティが残る東京足立区に、出展作品は設計された。人と人が繋がる拠点として存在する《Senju Motomachi Souko》。そこには、地域性から生まれてくる建築の魅力が溢れている。特技は人と話すことと語る石村＋根市。その人間力から導かれ、地域住民との関わり合いから生まれた設計・施工プロセスを本展覧会で表現し、また、新たな関係性が生み出される瞬間を目撃したい。

井上岳

名もない建築にも、歴史があり、住み手の気配や痕跡は、建築にあらゆる価値を付加していく。自身の手で住み継がれてきた建築は、住民にとって名建築になるのではないだろうか。" 手入れ / Repair" をすることは、既存の建築的価値を飛躍的に向上させる可能性を生み出す。作品性に依存し過去の建築家のあり方を更新する、新たな視点を見てみたい。

小田切駿＋瀬尾憲司＋渡辺瑞帆

昨年の展示では、パフォーマンスを通して U-35 展覧会会場に新たな空間体験を実現させたGARAGE。今年は、国際的にサンゴ礁の減少が問題視される中、隆起サンゴ礁から形成された喜界島で行っている《100 年かけて劇場をつくるプロジェクト》の展示を行う。建築とは何か。私たちが捉えてきた建築概念と異なる新たな建築家の職能が提示されることに期待したい。

加藤麻帆＋物井由香

地域に根差した多文化交流拠点《中中野プロジェクト》。加藤＋物井は、自身が運営を行いながら、時々に異なる目線で建築と関わり、設計のみを行う建築家への終わりを告げる。世間が建築家にブランド性を求めた時代から社会性を求める時代の変り目に建築を学んだ、彼女たちが持つ既成概念を超えた新世代の思想に注目したい。

Aleksandra Kovaleva＋佐藤敬

U-35 2022 伊東賞《ヴェネツィアビエンナーレロシア館の改修》は、繊細な寸法調整で新たな改修の在り方を提示し、U-35 2023 Gold medal 賞《ふるさとの家》では、実寸模型で表現し、場を考慮して表現したことで作品の魅力を体感できた。特有のスケール感覚が彼らの魅力である。本年の出展作品《物差しと眼差し》、3 年目の出展で私たちに何を問うのか。彼らの個性を存分に体感したい。

守谷僚泰＋池田美月

海外で建築を学んだバックグラウンドを持つ彼らが、日本の場所性の魅力をどう捉えるのか。独自の世界観で展開されるロジカルな思考回路をたどり、時代の転換期に立つ彼らの濃密な思考に触れ、未来を捉えこれからの建築を考える機会としたい。

山田貴仁＋犬童伸浩

ベトナムを拠点に活動する studio anettai が、ホーチミン郊外に設計した《House in Ba Ria Vung Tau》。環境を取り込み、理解して寄り添う設計から彼らの人柄が読み取れる。何故ベトナムを拠点に選んだのか、意図は何か。実際に現地で過ごしているからこそ地域に込める彼らの熱い想いや、深層にある原動力を本展覧会で体感することが出来るだろう。

あとがき

建築家の職能は、批評性を帯びた建築を新しい概念として社会に発表することであると思う。つまり、無から有を生み出すという思考の領域に達することである。創造を現実にするために、頭の中にあることを新しいステージに昇華させている。そしてこれらの建築を捉える新たな濃密な思考と出会う場として U-35 が存在している。35 歳以下の出展者たちは、いまだ思考の途中であることが感じられる。リアルに悩み、もがき、そして、これからさらに洗練されていくであろう原石が持つ概念と、漲る知的体力を肌で感じ取ることができる。また上世代の建築家たちは、これまでの人生を通して感じてきた自分の思想が、既に建築として多種多様なスタイルで存在し、一切被ることなく確立されているのだが、新しい世代の可能性を発見しようと楽しみにしている。これらの多様な思考との出会いの場として、同じくこれから建築を目指す私たち学生に新たな視点を与えてくれる。この展覧会を通じて濃密な思考に出会い、これからの新しい建築を考える機会になって欲しい。そして私は U-35 での様々な出会いから、建築において豊かさを示す世界が広がるのだと信じているし、社会的な活動を目指す先輩方の背中を見て、私たちが過ごす先の人生や未来を見据えて個性を磨き、もがき悩みながらも建築を思考し続けようと誓う。

杉田美咲（大阪公立大学大学院 修士 1 年）

本源的建築

入学から１年間､建築に関する一般科目を履修したのち､更に専門知識を学び始めた２年生の春､「自分が好きで、したいと思う勉強を一筋にできている」という、喜びと期待の気持ちでいっぱいになっていた私は、たとえ意味の無いことだとしても、湧き出る熱量のまま建築に関連する様々なことへと突っ走った。建築に関わる予定で埋まっていること、忙しくしていること、ただそれだけで楽しかった。当時は、コミュニティの数や人脈を増やすことが、得られる知識量に比例していると思い込んでいた。2022 年 9 月 30 日 19 時､大阪駅前に接続するグランフロントのナレッジシアターで行われた｢建築レクチュアシリーズ 217」に訪れた。ゲスト建築家は藤本壮介先生。自分の考え得る予定調和な時間を消化することが「勉強した」ことになると勘違いしていた私は、映画を観るような商業施設に入り、お金を払いサービスを受けるという軽い気持ちで着席した。どのように開催され、どのような団体が運営しているのかも気に掛けない。営利を目的にした企業や事務所業務を行う建築士と、社会的な活動を目的にする建築家の差異もわからず、実はそもそも「藤本壮介」を知らなかった。

これは緊張感というべきものだろうか。一般的な娯楽では感じない雰囲気を感じて周りを見渡すと、私のような若い世代の学生だけでなく、20 代から 70 代ぐらいのあらゆる世代、職能の方たちがまっすぐ壇上を見つめる。モデレーターの平沼先生と芦澤先生が、若い司会進行者に呼び込まれ登壇されると、会場が静まり、静粛な儀式を観るような感覚が走った。続いて藤本先生が登壇されると、聴講者はメモを開いて集中し、一斉にペンが走り出す。これは後で知ったことだが、壇上の御三方が同じ年齢だそうで、適度な緊張感は存在するものの、真剣な雰囲気になったかと思いきや笑いが生まれる。この体験は日常に受ける大学の講義とはまるで違ったものだった。そこで圧倒され一気に不安になり、冷や汗が流れるような焦りが生まれた。藤本先生から必死に学びを得ようとしている客席ばかりに視線が向き､講演の内容どころではなかった。それぞれペンを動かすタイミングが違うのだが、今の話にメモすることがあったのか？何をどう捉えたの？何をメモしたの？是非見せてほしいと、気になって仕方がなかった。まず自分の物差しで解釈してみることは興味や知的好奇心を生むことなのだと、この時初めて感じたのだが、こんなにも自らが学ぼうとする気持ちが行動や姿勢に出ている人たちを、この時初めて目の当たりにしたといっても過言ではない。意識して能動的に生きている人と自分との差を感じ、自分の意識の低さを痛感し、学びと捉えていたこれまでの受動的な疑似体験を想い返すと恥ずかしさすら感じた。しかしこの場での興奮と動揺を感じつつ「私が求めていたものはこれだ。もっと建築の世界に、今、目の前にあるこの世界に私も飛び込みたい」と思ったのだが、何よりも驚かされたのは、この主催事業の運営を私と同世代の学生たちが、ノンプロフィットで主体的に取り組んでいるという事実を知ったことだった。目指そうとした世界に携わることができると知ってしまうと後には引けない。その日にAAFに参加することを決断した。

しかしこの時点で既に所属していたコミュニティを優先してしまい、未体験で険しい AAF の活動への参加が、体調管理の甘さから疎かになっていった。そんなある日、母から「体を犠牲にまでして一体、何がしたいのか？大学の授業を受けているだけじゃ建築の仕事に就けないの？」と問いかけられた。その問いに答えることができなかった。何が目的で自分が何をしたいのか、何のためにやっているのかを明確に説明できる取り組みを優先していなかったからだ。そこで自分の思考や行動が停止し、その期間、自分のやっていることを全否定されたように感じ腹が立ったのだが、この母の問いかけがきっかけで、建築に関わっているようで、脱線してしまっていた自分を見つめ直すこととなる。

石村大輔＋根市拓

出展作品は自分たちの事務所であり、生活の延長線上に存在する実態的なもの。抽象化によって消えてしまった、愛着、執着を蘇らせなければいけない、建築家以前の人間として重要なものを取り戻すべきだと語る。目に見えない人間の秘める感情や心への刺激がどのようにかたちになるのかに注目したい。

井上岳

GROUP では建築以外のバックグラウンドを持つ人が設計に関わることを目指している。学生のころから、選択と出会う人との人間関係を大切にしていることから、過去を置き去りにせず現在へと影響する大切な事柄として捉え、状況把握をしようと時間をかけることも重要視しているのだろう。人に視点を置き、どのような新しい出会いを私たちに与えてくれるのかが楽しみである。

小田切駿＋瀬尾憲司＋渡辺瑞帆

再度公募枠からの応募で、見事選出されたガラージュ。各々の専門性で 3 人が補い合いながら、ユニットで挑む姿勢が強く感じられた。動きや変化で捉える建築ではなく、時間軸を持った状態、物質と物質の集まりの状態の建築を思考し、その変換のプロセスも含めて空間の変容の在り方を建築として捉えていく姿勢と物質同士の関係性がどのように作品に現れるのか期待したい。

加藤麻帆＋物井由香

カフェ「なかなかの」の運営をされている katomonoi の 2 人は、運営して設計することの繰り返しの中で得られるものがあると語り、自分たちの手の届く範囲からその先の使われ方までを想像し、長く伸びていく建築のつくりかたを考えている。培った運営スキルと手の届く範囲での視点で、どのように展示を見に訪れる人を大きく長く巻き込んでいくのかを期待したい。

Aleksandra Kovaleva＋佐藤敬

2022 年伊東賞、2023 年ゴールドメダル賞を受賞し、今年もシード権での出展となる KASA のユニット。今の世界の流れに対し、建築家が、小さいことでも何か役割を持つことが必要なのではないかを考える。古い建築家がシンプルに素晴らしい建築を生みだしてきたことを踏まえ、今それがなぜできないのかを考える見つめ直しの視点が見えた。新たな問いから生み出す今年の出展作品は、私たちにどのような影響を与えてくれるのだろうか。

守谷僚泰＋池田美月

デジタル空間における建築がフィジカルにおける建築と等価に扱われていいと語る。実際建てるとなれば社会性を帯びるが、「デジタル空間です」となれば自分の作家性を純粋に表現でき、当事者として関わることができるのではないかという考えである。作家性を押し出し、展覧会で新しい主張の在り方を表現してくれるのだろうか。ものとものの関係性から解釈し、そこから生まれる新たな空間が楽しみだ。

山田貴仁＋犬童伸浩

出展作品の設計期間は約 2 か月。前後で考えたことを集めて短距離走を何回も繰り返す感覚で、考えたことを作品に入れてつくりあげるという。日本では社会と建築家の間に距離ができていると考える anettai の 2 人。どのようなスケジュール感覚や設計プロセス、表現方法で社会と繋いでいくのかが楽しみだ。

あとがき

大学内の取り組みと、AAF の取り組みでは決定的な違いが 1 つ存在する。それは授業料を払いサービスを享受するのか、自らが率先して積極的に取り組む個人活動か、である。大学での取り組みは、授業内の教室で助け合って成し遂げようという団体思考なのに対して、AAF では、協力体制が存在しつつも、その中には確かに個人が存在している。

各大学の方針によるのかもしれないが、どうにも横並びで、足並みを揃えるよう指導されるため自分の意志を主張できない。競争心が湧くこともなく、協調するという名目で一律化されてしまう。教室内の誰かが代表して進行さえすれば、授業内の疑似的な企画は成功とされる。つまり学内の方針、もしくは先生個人の教育姿勢のみがサービスとして反映され、それ自体を完成形とし、結局、学生は均一化された受動的思考になっていく。大学を通しての取り組みでは質問すると、「いいと思う」「よくないと思う」の 2 択でしかない。一方、AAF で一緒に取り組む仲間へ質問をすると、「どうすれば良くなると思う？」と問われる。「この部分のこういうところは良いけど、こんな考え方をするともっと良くなると思う。この本を読んでみたら」と具体的で、決して 1 人ではたどり着くことのできない新しい考えに出会うことができる。圧倒的に AAF に身を置いているときの方が、自分の可能性を広げられるのだ。とことん追求することを求めている私としては、学内で示される思考性を窮屈に感じていたのだ。ここで、217 で感じた「建築に飛び込みたい」という思いが再び自分の中で蘇り、AAF の活動 1 本に専念しようと決断した。

毎月開催されるアーキネーションでは、学生スタッフ間の会話に、心奪われ感動し、このような会話を聞けることに喜びを感じ、AAF の活動全てが自分に影響をもたらし、刺激を与えてくれるものであると再認識し、もっと本気で取り組みたいと強く思う。事実上、建築デザイン学科で学んでいたが、本源的には建築について学んだとは言えない。自分が入りたい世界を見つけたのにもかかわらず、自分で蓋をしてしまっていたのだから。でもそれから、1 年経った今、この重い蓋を開けることができていると感じている。新たに開けた蓋への熱量が再び湧き出してきた自分を信じ、どんどん突き進んでいきたい。

森山舞優（京都橘大学 3 年）

in addition　|石井克典（いしい かつのり）

夢を持ち、失敗のままとせず、成功するまでやり切ること

1．寄稿にあたり

今年で15回目を迎える歴史ある「35歳以下の若手建築家による建築の展覧会2024」へ寄稿することとなり、大変誇らしく、また感謝申し上げます。私たちダイキン工業株式会社は、売上高約4兆円、従業員数は約10万人、その内、海外人材が約8万人、世界170か国以上で販売、生産工場は世界に110か所以上を構える、2024年に創業100周年を迎えたグローバル空調メーカーであります。ダイキンが標榜する「空気で答えを出す会社」を目指す中、「空気のデザインはどうあるべきか」をテーマに、建築家の皆さまと議論をするために、スポンサー企業として2022年から参画させていただき、2024年で3回目の参加となります。今回の寄稿にあたり、私自身が若手であった頃の数々の失敗経験を通じて感じ、考え、実行してきたことを中心に、私の3つの転換点を伝えさせていただき、少しでも皆様のお役に立てればと思います。

2．現調の失敗で知った、わからないことは素直に聞くことの大切さ

私がエンジニアリング会社（現ダイキンエアテクノ）に出向した28歳のころ、初めて一人で営業をしたある工場での出来事です。エアコンを更新するために、現場調査を終え、社内の技術と見積り作成の打合せをすると、「配管を通す壁の材質は?」「それはたぶんコンクリート・・・」「そんなはずはない」と言われ、再現調しました。次に、技術から「電気の経路は?」。そして翌日には、「室外機の搬入経路は？」。何故まとめて指摘してくれないのかと技術を恨む一方、自分の現調力の無さが情けなく悔しく、結局恥を忍んで4回も現調しました。さすがに、工場の担当者からは「大丈夫？あなたに現場能力あるの?」と呆れられ、初めて自分ひとりで行った案件は当然注文をいただけませんでした。この経験は骨身にしみました。先輩と一緒に現調していると簡単にできると思い込んでいましたが、自分一人でやり切る現場経験がいかに重要かを思い知らされました。空調のプロとしての知識がないことが、顧客のみならず、社内にも迷惑をかけることを学び、「わからなかったら、遠慮せず恥ずかしくても人に聞く」ことを自分自身の当たり前の行動原理に変えました。

3．失敗の連続の先にある成功を本気で掴みたいのか

その後5年経過し、ユーザー営業の担当として、一通り知識・経験も積み、営業に少し自信を持ち始めていた頃でした。ある工場のお客様から、私の提案は競合先の提案と比べて、的外れで今後一切ダイキンとは取引しない、と宣告されてしまいました。当時４０年近くも取引があった主要顧客を私のせいで失うのか、と恐ろ

しくなり悩みました。私の空調以外の建築や構造物に対する技術力・知見のなさと、会社組織を動かせないマネジメント力不足が原因でした。建築・構造物の技術・知見を勉強し、社内の技術や工事、サービスメンバーとの接点を増やしながら、お客様を訪問し続けましたが、半年間全く会ってもらえず、苦しくて、もういいやめよう、いやここでやめられないという気持ちとで、心は揺らいでいました。しかし、なんとか粘り心も耐えた9カ月後に、やっと再度発注をいただいた時の喜びは忘れられない体験となりました。失敗をそのままにせず、成功するまでやり続ける、あきらめない、今の私のスタイルが固まった瞬間でもありました。

4．国内からグローバル、現場目線から経営者視点へ

このように約18年間、工場、ビル、店舗、医療福祉などの顧客にダイレクトで提案・販売する営業を現場最前線で実践した後、45歳でダイキン工業の経営企画室という経営の中枢に異動を命じられたことは、まさに青天の霹靂であり大きな転機となりました。今まで日本国内だけから、いきなりグローバルを見ることとなり、また今までの現場目線だけではなく、経営者視点を問われ続けました。正直、経営企画室で使われている言葉が全くわからず、議論についていくことができませんでした。しかし、今までで学んできた、わからないことは人に聞く、自分で勉強する、そして成功するまであきらめずにやり続けることを実践しました。3年後、経営陣にやっと認められ、グローバルの空調事業を担当、ダイキン経営の神髄・経営判断を目の前で体験、肌で感じたことで、大きく成長できた9年間だったと実感しています。

5．U-35に期待すること

私には36歳の時に描いた「馬鹿みたいな夢」があります。紆余曲折しながらも、その夢・ありたい姿だけを見つめてきました。若手建築家一人ひとりの夢への扉が、このU-35だと思います。2024年U-35のテーマは「若い視点の、未来がみたい。」であります。私たちは「若手建築家の、未来もみたい。」と思い、今年も応援させていただきます。一緒に盛り上げていきましょう。

ダイキン工業株式会社　空調営業本部 副本部長 兼 事業戦略室長　石井克典

｜上村洋（かみむら ひろし）

「こころ」に残る建築を

U-35では、著名な建築家の先生方が、若い人達に本気で厳しくかつ温かく指導育成されていて、建築への愛、情熱の深さを感じます。若手建築家の方にとっても、質の高い指導、発表の場があることはとてもいい経験になると思います。うらやましいくらいです。大阪市は、こうしたU-35の活動に賛同し、特別後援という形でお手伝いさせていただいており、今回、若い人達に向けたメッセージ寄稿のご依頼がありました。ここでは、私が建築を選んだ経緯や大阪市役所でどんな仕事をしてきたのか、35歳の頃の出来事や、今めざしているまちづくりとは何か、そして若手建築家の方に期待することなどを紹介します。

私の父は大工だったので、小さい頃から建築に対してなじみがあり、知り合いの建築士の方からは建築の面白さを教えてもらいました。次第に自分も建築の仕事をしたいと思うようになり、建築学科に進み、大学では、建築計画や都市計画を、大学院では、御堂筋などの都市の顔となるシンボルロードの沿道建築物と街路景観を研究しました。卒業後は、建築の設計や大きなまちづくりをしたいと思い、面白そうなプロジェクトを数多く手掛けていた大阪市役所に入り、38年間建築職として、建築指導行政や住宅行政に携わってきました。

35歳の頃の一番大きな出来事は、1995年1月17日の阪神・淡路大震災です。震度7の地震は、全半壊併せて約25万棟、死者6,434名にものぼる極めて深刻な被害をもたらしました。地震の翌々日、私は建物の被害状況調査の応援のため神戸に行きました。目にした光景は想像を絶するもので、見慣れた神戸の街は一変していました。大きな地震がまちや建物を一瞬にして破壊する怖さと、災害に強いまちづくりにおいて建築が果たす役割は非常に大きいことを実感しました。

阪神大震災の翌年からは住宅政策を担当しました。当時の仕事で印象深いのは、夢洲の住宅地の基本計画と大阪オリンピックの選手村計画の策定です。大阪市は2008年のオリンピック開催をめざし、メイン会場は舞洲で、隣接する夢洲には、環境共生循環型の6万人が暮らす、6万ｈａ、15,000戸の住宅地を計画していました。計画は、商業・サービス機能が集積し、にぎわいの中心となる都市文化軸と、川が流れ緑豊かな潤いと安らぎの拠点となる自然文化軸をまちの骨格として、中層住宅を中心としたゆとりあるヒューマンスケールのまちを整備するものです。先行して6,000戸の住宅を整備し、オリンピック選手村として活用する予定でした。しかし、2001年のＩＯＣ総会で、2008年の開催地は北京に決まり、大阪市でのオリンピック開催、夢洲の住宅地・選手村の計画は夢のまま終わってしまいました。

今その夢洲では、大阪・関西万博の開催に向け、着々と準備が進んでいます。1970年の大阪万博の時私は小学生で、ワクワクした体験はとても思い出深く、会場で買ってもらった太陽の塔の模型は５０年以上経った今も大事に家に飾っています。2025年の夢洲での万博も、とても楽しみです。

現在、都市整備局では「まちづくり」「住まいづくり」「公共建築づくり」の3つを大きな柱として様々な取り組みを進めています。安全で安心に暮らせるまちづくりに加え、都市・地域魅力の創出・発信が重要です。大阪には、素晴らしい建物やまちなみが多くあり、毎年秋に行っている公開の建築イベント「イケフェス大阪」は参加者が5万人を超えるまでに成長し、建築への関心が高まっています。こうした地域魅力を広く発信し、たくさんの人にその良さを知ってもらうことが大事です。大阪に行ってみたい、住んでみたいと思えるまち、「住みたいまちナンバーワン」をめざして、まちづくりを進めていきたいと思っています。

建築はまちの大きな構成要素であり、魅力ある建築は人々を惹きつけます。若手建築家の皆さんには、ぜひ人々の心に残る魅力ある建築を創っていただきたいと期待しています。そして、大きく世界に羽ばたいてください。この本が出る頃は、私は大阪市を退職していますが、建築に関わる仕事をしていると思います。夢と希望があふれる未来を信じて、これからもU-35を応援していきます。

大阪市　都市整備局長　上村洋

in addition　｜木村一義（きむら かずよし）

本質が問われる時代

今、全てのものの本質が問われる世の中になった。人として、建築家としての本質、政治家として、教育者として、経営者として、商売人として、サラリーマンとして…。

特に戦後、更には「失われた３０年」、そしてコロナ・パンデミックを経験し、よりフォーカスされてきたように思う。建築も同じで、形としての建築、造形としての建築だけでなく、根本的なものが問われる時代になった。

本質とは、偽物に対して本物ということとは違い、変化する現象的存在に対し、その背後または内奥に潜む恒常的なものであり、形而上学で説いている真の根本原理を指す。

日本には人間国宝となるような、それぞれの分野の頂点に立つ人がいるが、彼らに共通するのは、単に技術や才能、知識が優れているだけでなく、人間としても立派な人であるということだ。やはり、物事の頂点を極めるには、相応の人間力が必要だ。

いくら努力して技術を磨き、才能を発揮し、知識を深め、ある程度の収入を得ることができたとしても、それ以上にはなれない現実がある。人間力という土台の上に、建築の技術や才能、知識、そして経験を積み重ねていくことにより、一流の域に達することができるのだ。

人間力なくして、運よく売れっ子建築家になっても、長くは続かず、いずれ埋もれた存在になる。

U-35の皆さんに期待するものがある。どうか崇高な志を立て、傲慢にならず、謙虚に、誠実に、感謝の心で日々精進していただきたい。

「全ての事象は心の反映」という言葉がある通り、心が形になる。本質は心の中核であり、心棒とも言える。心棒が狂うと、人生にガタが来る。

長い人生において艱難辛苦は避けられない。しかし、諦めず努力を続けていけば幸運の女神は微笑む。

最後に、幕末の青雲の士に大きな影響を与えた佐藤一斎著「言志四録」から、「名を成すは毎（つね）に窮苦（きゅうく）の日に在り。事を敗（やぶ）るは多くの志を得るの時に因（よ）る」という名言を紹介したい。この言葉が幕末の志ある若者たちにどれだけ勇気と希望を与えたか計り知れない。琴線に触れる一つの言葉が有能な青年たちを鼓舞し、明治維新へと突き進む原動力となったのだ。

U-35の皆さんには、是非世界にはばたく建築家になってもらいたいので、このようなことをくどくどと論じた次第である。

どうか高い志を持ち、自分を信じ、チャレンジしていただきたい。古来、新しい時代は常に、若者によってつくられて来たのだから。

株式会社シェルター　代表取締役会長　木村一義

in addition　|丸山優子（まるやま ゆうこ）
建築家になれなかった私から若き建築家の君たちへ

「時代より先に変われ」というサブタイトルとともに開催されたUnder 35 Architects exhibition 2023。その直後にNHKで放映された「建築家─伊藤豊雄　最後の講義」の番組冒頭で伊東先生から発せられた「建築で社会を変えるという気概を若い人たちに持ってほしい」という言葉が絶妙にシンクロした。時代より先に変わるということは時代を変えること、それは社会を変えることに他ならない。

社会は常に変革を求めている。既成概念を突破し新たな価値を創造するイノベーションを起こすことを目指している。人々の潜在的な欲求を汲み上げそれに手を差し伸べる解を得ることこそが本当の意味での豊かさであり、時代を変え社会を変えることになるのだと。社会は常にその解を得ようともがいている。そしてその一助を建築家に求めているという感覚は、発注者の立場で仕事をするプロジェクトマネジャーという職業柄、年々確かなものになりつつある。

社会全体の大きな変革だけではない。住宅における家族の小さな課題。オフィスビルにおける働く人の生産性への課題。公共建築における自治体や地域の課題。環境負荷の低減に関する課題。小さなものであっても、大きなものであっても、発注者は課題を建築家と共有したいと欲し、また自分たちの気づいていない課題でさえも抽出してもらいたいと願い、その課題を建築でどのように解決してくれるのか、自分たちをどう変革してくれるのかと期待している。

建築家の出した解がいつも称賛されるとは限らない。時には社会から批判されることすらある。巨額の資金が必要とされる社会ストックを創るものとして、その覚悟は常に持っていてほしいと願うし、すべての発注者にとって建築は目的ではなく手段であるのだということを忘れないでほしいと切に願う。そして何よりも、失敗を恐れず解を出し続けることから逃げないでほしい。解を他に求めることを非としてほしい。自らの解がたとえ評価されなかったとしても、それを理解できない誰かを批判するのではなく更なる解を出すことに集中してほしい。自らクライアントを想い考え、自らクライアントの課題を理解し、自らクライアントのための解を出し続け、その結果時代を創り社会を変革する。それこそが建築家という生業であってほしいと希望せずにはいられない。

2024年1月1日午後4時10分石川県能登地方を震源とするマグニチュード7.6の地震が能登半島を中心に北陸地方に甚大な被害をもたらした。犠牲となられた方々の御冥福と被害にあわれた方々の一刻も早い回復・地域の復興をお祈りするとともに、建築に携わる者としての責任を改めて思わずにはいられない。

私自身、20代のころはその責任の重さに気が付いていなかった。建築設計という職業が医師やパイロットと全く同等に人の生命を預かっているのだということに、当時の私は思いが至っていなかった。「デザイン」という言葉にうかれ、キラキラしたものしか見えていなかった。1995年1月17日から数か月が過ぎようやく新幹線も復旧した頃に、祖母の住む神戸へと出かけた。三宮の交差点に立ちその四つ角に見慣れた建物が一つもないことを目にした時、ようやく自らの仕事が人の生命に責任を持つものなのだということに気づき、膝ががくがくと震えその場にしゃがみ込んでしまったことを鮮明に思い出す。

建築家とは、人々の生命と生活を守り、人々を幸せにするための解を導き出し、そして時代を変えていく者たち。U-35はミレニアル世代からZ世代へと引き継がれていくが、どんな世代であれ人を想い、人と関わるその使命は決して変わることはないと確信する。そしてプロジェクトマネジメントを提供する私たちは、発注者に寄り添い建築家と手を携えてその使命を全うするためにあるのだと痛感する。

若き建築家の君たちがどのような解を提供し、どのような未来を描くのか。

「若い視点の、未来が見たい。」

今年も楽しみになってきた。

株式会社山下ＰＭＣ　代表取締役社長・社長執行役員　丸山優子

2023年開催 展覧会場初日 (2023.10.20)